Sebastian Wegener

MASTER Keyboard & Piano-Lehrgang

Grundkurs 1

THE HAPPY WAY
playing
Keyboard & Piano

Die Musik ist mein Wegesleiter.

Ich freue mich sehr,
dass du die Welt der Musik entdecken möchtest
und ich dich dabei begleiten darf.

Bibliografische Information der Deutschen Nationalbibliothek:
Die Deutsche Nationalbibliothek verzeichnet diese Publikation in der Deutschen Nationalbibliografie; detaillierte bibliografische Daten sind im Internet über http://dnb.dnb.de abrufbar.

TWENTYSIX – Der Self-Publishing-Verlag
Eine Kooperation zwischen der Verlagsgruppe Random House und BoD – Books on Demand

Herausgeber: MLB – Non Profit Verein zur Förderung der Musik

© 2017 Sebastian Wegener
http://keyboard-lehrgang.com
Herausgeber: MLB

Herstellung und Verlag:
BoD – Books on Demand, Norderstedt

ISBN: 978-3-740-73000-0

Illustration: Sebastian Wegener, Virginia Rose

Bevor es nun gleich los geht mit dem Keys spielen lernen, möchte ich dich im Grundkurs 1 meines MASTER Keyboard & Piano Lehrgangs erst einmal herzlich begrüßen.

Mein Name ist **Sebastian Wegener** … also Sebastian, da wir Musiker uns auf der ganzen Welt untereinander „duzen". Ich bin der Autor des MASTER Keyboard & Piano Lehrgangs.
Vor mehr als 30 Jahren konnte ich meinen Traum verwirklichen, Profi-Musiker und professioneller Keyboard- und Pianolehrer zu werden.
Heute bin ich außerdem als Songwriter, Arrangeur, Produzent, Dozent und Autor tätig.

Meinen MASTER Keyboard & Piano Lehrgang habe ich mit sehr viel Liebe und sehr großem Aufwand für alle Tastenfreunde erstellt. Erfreue dich daran, erfreue dich am Musizieren! – Das ist die größte Freude, die du mir machen kannst.
Du lernst in meinem Lehrgang nicht nur, wie man Keyboard oder Piano spielt, sondern auch den Umgang mit allen technischen Features, die Keyboards und E-Pianos heutzutage bieten.
Darüber hinaus habe ich viele Insider-Tricks aus der Profi-Szene in meinen Lehrgang für dich eingebaut.

Es ist sehr wichtig, dass du die nun folgenden Lektionen nacheinander und nicht durcheinander lernst, da eine Lektion auf der anderen aufbaut.

Solltest du Fragen zu meinem Lehrgang haben oder Hilfe benötigen, kannst du dich gerne unter **sebastian@keyboard-lehrgang.com** *an mich und mein Lehrer-Team wenden.*

Ich wünsche dir von Herzen viel Freude an den Tasten.

Musikalische Grüße
Sebastian

Lektion 1

Jetzt geht es los. Wir starten mit der ersten Unterrichtslektion.

Wie ist eine Unterrichtslektion aufgebaut?

Eine Unterrichtslektion besteht aus mehreren Teilen. Unsere heutige Lektion 1 besteht aus folgenden Teilen:

Lektionsanleitung

Hier wird dir erklärt, was du wie zu tun hast. Es ist wirklich sehr wichtig, dass du dich ganz genau an diese Lektionsanleitung hältst. Gehe genau nach der Reihenfolge und auf die Art und Weise vor, wie es dort beschrieben wird.

Song-Playback

In den meisten Lektionen bekommst du Song-Files im MP3-Format mit dazu. Sie dienen dazu, damit du dir den Song, den wir in der jeweiligen Lektion erlernen, anhören kannst. Damit du dich mit dem zu erlernenden Song vertraut machen kannst. Später, wenn wir zum „Spielen mit der Band" kommen, schreibe ich dir zu den Songs noch ein wenig mehr.

Song-Text

Ihn benötigst du, um den Song singen zu können. Aber der Songtext hat auch noch eine andere, sehr wichtige Funktion. Er hilft dir, dass du dich leichter in einen Song einfühlen kannst. Was bedeutet das? Mit Hilfe des Textes weißt du, um was es beim jeweiligen Song geht, von was der Song handelt. Ob er zum Beispiel traurig oder fröhlich ist. Somit weißt du, welches Gefühl der Song beinhaltet.

Lektionsziel

Hier steht das Ziel der Lektion. Also, was du können solltest, bevor du mit der nächsten Lektion fortfahren kannst. Wichtig ist, dass du nicht sofort beginnst nur das Lektionsziel zu erlernen, sondern zuerst Schritt für Schritt die Lektionsanleitung abarbeitest.

Unser erster Song ...

Summ, Summ, summ ...

Playbacks:

- Lade dir die Playbacks zu dieser Lektion mit folgendem Link von meinem Internet-Server:

http://www.keyboard-lehrgang.com/bookfiles/L1-060517030217.zip

Es handelt sich bei der Download-Datei um eine ZIP-Datei. Diese ZIP-Datei kannst du dir als eine Art Paket vorstellen, welches geöffnet werden muss. Im Paket sind dann einzelne Dateien vorhanden. Um das Paket entpacken zu können, benötigst du eine Zip-Software. Solltest du keine ZIP-Software haben, kannst du dir diese mit dem nachstehenden Link kostenlos downloaden.

http://www.keyboard-lehrgang.com/Lektionen/Lektion1/7-Zip-7z920.exe

Nach dem Download musst du das ZIP-Programm auf deinem PC installieren.

Lektionsanleitung:

- Öffne die Playbacks **„Summ, summ, summ – langsam"** und **„Summ, summ, summ - schnell"** und höre dir dieses sehr bekannte Kinderlied mehrmals gut an. Die schnelle oder die langsame Version. Welche dir lieber ist.

- Verfolge beim Anhören des Songs den nachstehenden Song-Text. Mache das mehrere Male nacheinander, bis dir der Inhalt des Textes geläufig ist und du den Text grob in deinen eigenen Worten zusammenfassen kannst.

- Erstelle jetzt in deinen eigenen Worten aus dem Inhalt des Textes eine kurze Geschichte. Wichtig: Höre dir dabei den Song an.

  Beispiel:
  „Fleißige kleine Bienchen suchen im Wald, auf Wiesen und in der Heide emsig nach Nahrung. Sie fliegen von einer Blume, von einer

7

Blüte zur nächsten. Sobald die kleinen Bienchen genug Nahrung gesammelt haben, fliegen sie zurück zu ihrem Bienenstock, um Waben zu bauen und die gesammelte Nahrung an ihr Bienenvolk abzugeben." Das genügt schon.

- Nun schließt du deine Augen und machst aus dieser kleinen Geschichte in deinen Gedanken, in deiner Vorstellung, in deiner Fantasie einen kleinen Film. Auch dabei lässt du ständig eines der beiden Playbacks im Hintergrund abspielen. Lasse Dir den Film so oft in deinen Gedanken ablaufen, bis er dir vertraut ist.

- Versuche jetzt das Lied zum Playback **„Summ, summ, summ - langsam"** mitzusingen oder mitzusummen. Wichtig: Erinnere dich beim Singen an den von dir erstellten kleinen Film.

  Bekommst du das gut hin, öffnest du das Playback **„Summ, summ, summ - schnell"** und wiederholst den gesamten Vorgang.

Warum das alles?

Du baust dadurch zum Song ein Gefühl auf und singst den Song dann automatisch mit diesem Gefühl. Mit dem richtigen Gefühl, mit deinem Gefühl für diesen Song.

Warum singen und summen wir erst und spielen nicht sofort auf dem Instrument?

Das Instrument ist für dich noch ein Fremdkörper zu dem du kein Gefühl aufgebaut hast. Deine Stimme ist ein Teil von dir, etwas, das zu dir gehört und dir somit vertraut ist. Du musst nun zuerst die verschiedenen Töne fühlen und in dir speichern. Das geschieht durch das Singen und Summen momentan noch leichter und intensiver, als beim Spielen auf dem Instrument. Doch keine Sorge … in der nächsten Lektion geht es dann los mit dem Spielen auf deinem Instrument.

Song-Text:

Summ, summ, summ! Bienchen summ herum!

Ei, wir tun dir nichts zu leide, flieg nur aus in Wald und Heide!

Summ, summ, summ! Bienchen summ herum!

Summ, summ, summ! Bienchen summ herum!

Such in Blüten, such in Blümchen, Dir ein Tröpfchen, dir ein Krümchen.

Summ, summ, summ! Bienchen summ herum!

Summ, summ, summ! Bienchen summ herum!

Kehre heim mit reicher Habe, bau uns manche volle Wabe.

Summ, summ, summ! Bienchen summ herum!

Summ, summ, summ! Bienchen summ herum!

Wollen bei den Christgeschenken, freudig deiner auch gedenken

Summ, summ, summ! Bienchen summ herum!

Summ, summ, summ! Bienchen summ herum!

Mit dem Wachsstock dann wir suchen, Pfeffernuss und Honigkuchen

Summ, summ, summ! Bienchen summ herum!

Lektionsziel:

Singe oder summe das Lied „Summ, summ, summ" mit Gefühl zum schnellen Song-Playback.

Beginne mit Lektion 2 erst dann, wenn du dieses Lektionsziel erreicht hast.

Lektion 2

Die Tastatur

Schwarze & weiße Tasten

Schwarzer Zweierblock

5 Tasten, 5 Finger

Handhaltung

Anschlag-Dynamik

Erste Übungen

Lektionsanleitung:

Sehe dir die Tastatur Deines Keyboards / E-Pianos an.

- Es gibt weiße und schwarze Tasten.

- Betrachten wir nun nur die schwarzen Tasten. Dabei fällt auf, dass die schwarzen Tasten abwechselnd in Zweier- und in Dreierblöcken angeordnet sind. Für uns sind vorerst die Zweierblöcke interessant.

In der nachstehenden Abbildung siehst du diese Zweierblöcke in den beiden Kreisen.

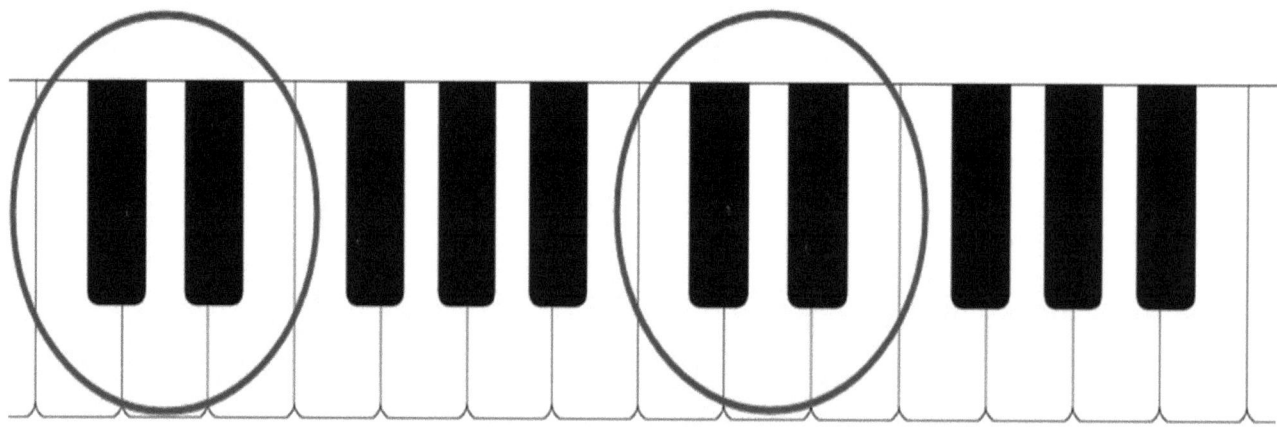

Wir spielen jetzt am Anfang nur auf 5 <u>weißen</u> Tasten.

Die erste dieser 5 weißen Tasten, ist die, die sich direkt vor dem schwarzen Zweierblock befindet. (Pfeile in der nachstehenden Abbildung)

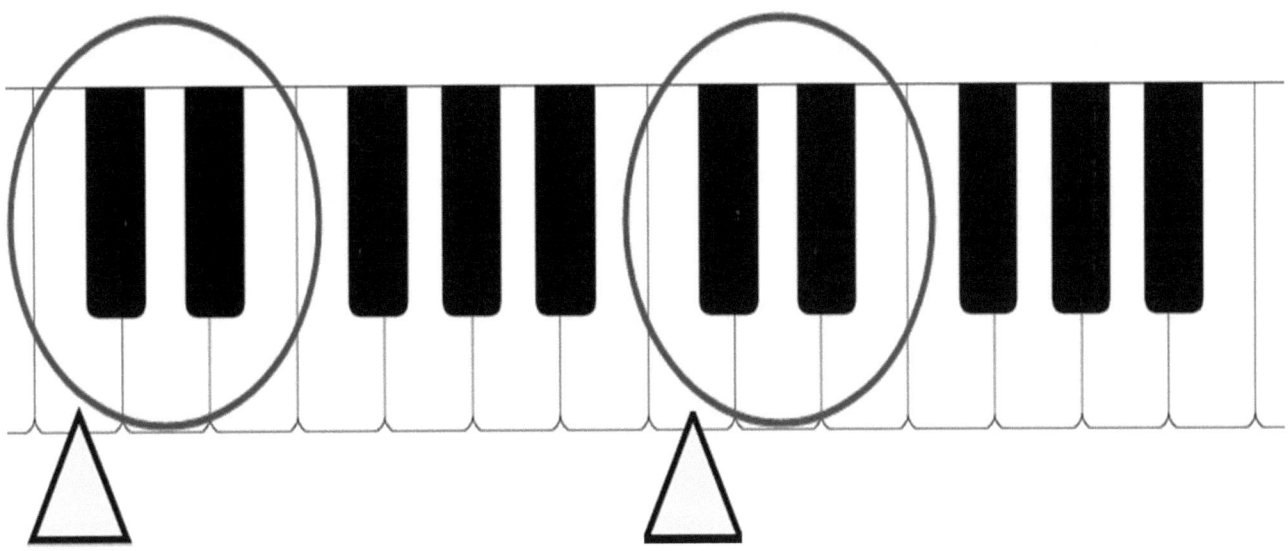

Die 4 weiteren weißen Tasten, die wir jetzt am Anfang benutzen werden, befinden sich direkt rechts daneben. (kleine Pfeile hinter den beiden größeren Pfeilen in der nachstehenden Abbildung)

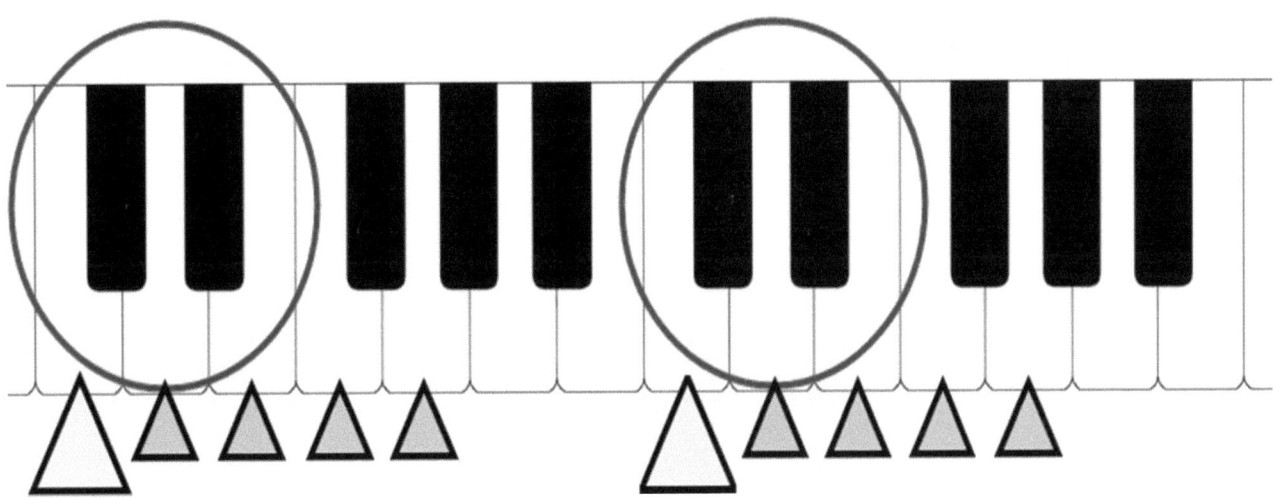

Wie du siehst, gibt es auf der Tastatur mehrmals den schwarzen Zweierblock und somit auch mehrmals diese 5 weißen Tasten, auf denen wir nun gleich spielen werden. Bei welchem schwarzen Zweierblock du auf diesen jeweils 5 weißen Tasten spielen möchtest, ist vorerst dir überlassen. Spiele dort, wo es Deiner Meinung nach am besten klingt.

Lasse dein Gehör, dein Gefühl entscheiden!

Wir spielen diese 5 weißen Tasten mit der **rechten** Hand!

Die erste Taste, die sich vor dem schwarzen Zweierblock befindet, spielst du mit deinem Daumen. Den Daumen nennen wir auch den 1. Finger.

Die zweite weiße Taste spielst du mit deinem Zeigefinger, den wir auch den 2. Finger nennen.

Die dritte weiße Taste spielst du … rate mal … richtig … mit deinem Mittelfinger, den wir den 3. Finger nennen.

Die vierte weiße Taste spielst du mit deinem Ringfinger, den wir ab sofort den 4. Finger nennen und die fünfte weiße Taste spielst du mit deinem kleinen Finger, den wir ab sofort den 5. Finger nennen.

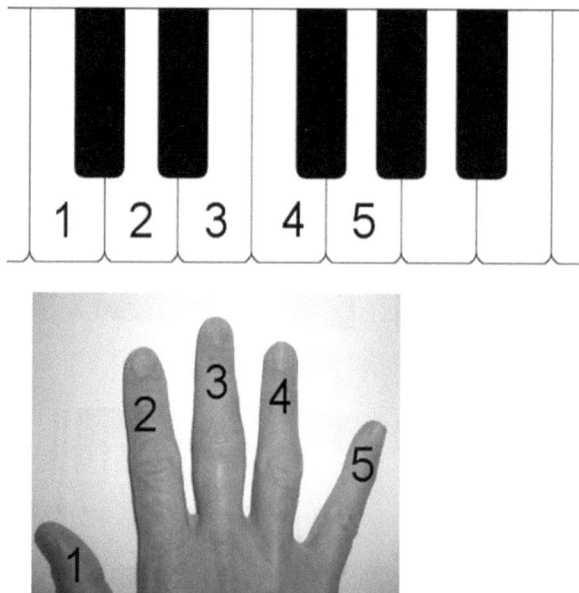

Lege Deine 5 Finger deiner rechten Hand, wie oben beschrieben auf diese 5 weißen Tasten.

Deine Hand soll dabei in etwa dieselbe Haltung haben, wie du dieses auf dem obigen Foto siehst. Deine Finger sollen angewinkelt sein, in etwa so, wie wenn du ein Ei in deiner Hand halten würdest.

Dein Arm soll von der Hand bis zum Ellenbogen immer ein wenig über der Höhe der Keyboard-Tastatur bleiben. Der Ellenbogen darf nicht runter hängen. Achte darauf, dass du nicht zu nahe am Keyboard sitzt.

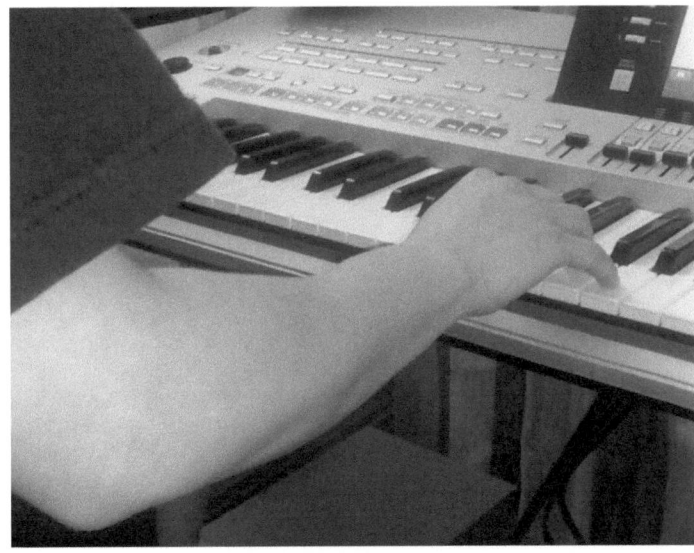

Achte weiterhin darauf, dass dein Stuhl nicht zu niedrig ist. Mit einer höhenverstellbaren Sitzbank wirst du merken, dass du dir einfacher tust. Ein höhenverstellbarer Bürostuhl tut es aber auch.

Abb. oben: Höhenverstellbare Sitzbank

Dein Keyboard solltest du auf einem Keyboardständer aufgebaut haben. Achte darauf, dass die Oberkanten der Tasten ca. 76 - 78 cm vom Boden entfernt sind.

Unser erstes Training:

- Lege die Finger deiner rechten Hand wie oben im Bild gezeigt auf die 5 beschriebenen Tasten deiner Keyboard-Tastatur.

- Unser erstes Training besteht nun darin, bei der
  - Zahl 1, die Taste, auf welcher der 1. Finger liegt, zu drücken
  - Zahl 2, Die Taste, auf welcher der 2. Finger liegt, zu drücken
  - Zahl 3, die Taste, auf welcher der 3. Finger liegt, zu drücken
  - Zahl 4, die Taste, auf welcher der 4. Finger liegt, zu drücken
  - Zahl 5, die Taste, auf welcher der 5. Finger liegt, zu drücken

- Spiele nun unser erstes Training auf deinem Instrument:

1111 2222 3333 4444 5555
5555 4444 3333 2222 1111

  - Achte darauf, dass während des Spielens alle Finger immer auf ihrer Taste bleiben. Nur der Finger, der eine Taste drückt bewegt sich, die restliche Hand bleibt möglichst ruhig und jeder Finger, der keine Taste spielt, bleibt auf seiner Taste bewegungslos liegen.

- Lege dir einen Euro auf deinen Handrücken. Er sollte während des Spielens nicht vom Handrücken fallen.
- Achte unbedingt darauf, dass du beim Drücken der Tasten nicht deinen gesamten Arm bewegst, sondern nur den jeweiligen Finger, mit dem du die jeweilige Taste drückst.
- Die Kraft, mit der die Taste gedrückt wird muss aus deinem Finger kommen, nicht aus deinem Arm.

Die Anschlag-Dynamik

Wir spielen ausschließlich mit aktivierter Anschlag-Dynamik. Überprüfe, ob diese bei deinem Instrument aktiviert ist.

Mehr Details zum Thema Anschlag-Dynamik erfährst du hier:

http://keyboard-lehrgang.com/help-ad.html

Lektionsziel:

- Verstehe und verinnerliche dir den Lektionsinhalt, wie er in der Lektionsanleitung beschrieben ist.
- Spiele das erste Training mit gleichmäßigem Tempo ohne Unterbrechungen auf deinem Instrument.
- Überprüfe, ob die Anschlag-Dynamik bei deinem Instrument aktiviert ist.
- Wiederhole und trainiere Lektion 1

Erst wenn du dir das Lektionsziel gut erarbeitet hast, machst du mit der folgenden Lektion 3 weiter.

Welches Instrument ist zum Lernen geeignet?

Hier geht es zu meiner Keys-Beratungsseite, die ich ständig aktuell halte:

www.keyboard-lehrgang.com/help-instrument.html

Lektion 3

Sounds, Voices

Piano, Flügel, Grandpiano, Klavier

Trainings

Lektionsanleitung:

Was sind Sounds oder auch Voices oder Klangfarben genannt?

Du kannst auf Deinem Keyboard oder E-Piano Klänge anderer Instrumente spielen. Zum Beispiel den Klang einer Trompete oder den Klang einer Flöte oder einer Posaune oder eines Saxophons oder einer Orgel oder eines Akkordeons oder, oder, oder … Diese Klänge nennt man Sounds oder Voices.

Sehe in der Bedienungsanleitung deines Keyboards, bzw. E-Pianos nach, wie man diese Voices anwählt.

- Stelle auf Deinem Keyboard / E-Piano den Sound „Piano" ein. Zum Piano sagt man auch Klavier, Flügel oder Grandpiano.

- Lege Deine 5 Finger wieder, wie in Lektion 2 beschrieben, auf die Tastatur.

- **Training 1:**
  Spiele folgende Tasten auf deinem Instrument, wie du es in Lektion 2 gelernt hast:

1   1   2   2   3   3   4   4   5   5   5   5

4   4   3   3   2   2   1   1

Achte wieder darauf, dass während des Spielens alle Finger immer auf ihren Tasten bleiben. Nur der Finger, der eine Taste drückt bewegt sich, die restliche Hand bleibt möglichst ruhig.

- **Training 2:**

Spiele folgende Tasten auf deinem Instrument, wie du es in Lektion 2 gelernt hast:

1 3 2 5 2 1 3 1 3 5 2 4
1 4 5 2 1 4 2 1

Du wirst feststellen, dass ganz besonders der 4. Finger oftmals überhaupt nicht auf seiner Taste liegen bleiben mag. Das ist bei fast jedem Keys-Anfänger so.

Lektionsziel:

- Spiele Training 1 und Training 2 so oft mit der Voice „Piano", bis du diese flüssig und ohne Fehler spielen kannst und deine rechte Hand dabei ruhig auf der Tastatur liegen bleibt.
- Wiederhole und trainiere Lektion 1
- Wiederhole und Trainiere Lektion 2

Erst wenn du dir das Lektionsziel vollständig erarbeitet hast, machst du mit der folgenden Lektion 4 weiter.

Lektion 4

Gehörbildung

Summ, summ, summ ... singen / summen & spielen

Playbacks:

Öffne das Playback „Summ, summ, summ - schnell" aus Lektion 1

Lektionsanleitung:

Höre dir den Song an und singe ihn mit. Wenn es dir unangenehm ist, den Song mitzusingen, kannst du den Song auch einfach nur zum Playback summen, oder mit „la-la-la" singen. Du brauchst den Song nicht laut vor dich hinschmettern. Es genügt, wenn du ihn leise singst oder summst.

Das dürfte für dich kein Problem sein, da du dir dieses Können ja bereits in Lektion 1 erarbeitet hast.

- Schalte nun das Playback ab.

- Lege deine rechte Hand, wie in Lektion 2 beschrieben auf die Tastatur.

- Singe oder summe die Töne von „Summ, summ, summ" und suche diese Töne auf der Tastatur (ohne Playback).

  Es sind alles Töne der uns bekannten 5 weißen Tasten.

  Kleine Hilfe: Mit dem 5. Finger geht es los!

Ich erinnere noch einmal daran: Es gibt auf der Tastatur mehrmals den schwarzen Zweierblock und somit auch mehrmals diese 5 weißen Tasten. Auf welchen dieser jeweils 5 weißen Tasten du spielen möchtest, ist dir überlassen. Spiele dort, wo es deiner Meinung nach am besten klingt.

Spiele wieder mit der Voice „Piano".

- Singe nun den ersten Ton von „Summ, summ, summ" und suche diesen Ton unter den dir bekannten 5 weißen Tasten auf der Tastatur.
  Spiele den Ton mit dem richtigen Finger. Die richtige Handhaltung nicht vergessen!
- Ebenso machst du es nun mit dem zweiten Ton.
- Danach nun mit dem dritten Ton und mit allen weiteren Tönen ebenso.

Noch ein kleiner Tipp: Du kannst dir die Zahlen der Finger aufschreiben, wie sie nacheinander gespielt werden.

Sofern du Probleme hast, die Töne des Songs auf der Tastatur zu finden, habe ich für dich eine kleine Hilfe im Internet vorbereitet. Bitte benutze diese Hilfe aber erst dann, wenn du dir wirklich mehrfach Mühe gegeben hast, die Töne zu hören und selbst zu finden.

www.keyboard-lehrgang.com/261011044805.html

Lektionsziel:

- Trainiere diese Lektion so oft, bis du den Song „Summ, summ, summ" <u>OHNE</u> Playback gleichzeitig in flüssigem Tempo singen oder summen und auf deinem Keyboard / E-Piano spielen kannst.
- Wiederhole und trainiere Lektion 2
- Wiederhole und trainiere Lektion 3

Erst wenn du dir das Lektionsziel vollständig erarbeitet hast, machst du mit der folgenden Lektion 5 weiter.

Lektion 5

Gehörbildung

Aufbau des musikalischen Gefühls

Summ, summ, summ ... zum Playback spielen

Playback:

Spiele das Playback von „Summ, summ, summ" in der langsamen oder schnellen Version (wie du es lieber magst) aus Lektion 1 ab.

Lektionsanleitung:

- Singe (oder summe) und spiele den Song auf deinem Instrument zum Playback so oft, bis du dieses fehlerfrei hinbekommst.

- Spiele und singe nicht schneller und nicht langsamer als das Playback, sondern genau mit dem Playback.

Profi-Trick: Spiele den Song nicht mit der Voice Piano, da du das Playback und dein Spielen sonst schlechter auseinander halten kannst. Stelle auf deinem Key die Voice „Flöte" oder „Querflöte" ein. Du kannst dann die Töne des Playbacks und die Töne deines Instruments sehr viel leichter auseinander halten.

Lektionsziel:

- Trainiere diese Lektion so oft, bis du „Summ, summ, summ" gleichzeitig <u>MIT</u> Playback (schnelle Version) singen (oder summen) und auf deinem Keys spielen kannst. Du lässt also das Playback abspielen, singst oder summst dazu und spielst dazu auf deinem Instrument.

Erst wenn du dir das Lektionsziel vollständig erarbeitet hast, machst du mit der folgenden Lektion 6 weiter.

Lektion 6

Gehörbildung

Song nach Gehör und Gefühl spielen

Playback:

- Lade dir das Playback zu dieser Lektion mit folgendem Link von meinem Internet-Server:

http://www.keyboard-lehrgang.com/bookfiles/L6-06051710332700.zip

Lektionsanleitung:

- Spiele das Playback des Songs „Hänschen klein" auf deinem PC ab.
- Lese dir den Text von „Hänschen klein" durch, während das Playback läuft. Fasse - wie bei „Summ, summ, summ" - den Text wieder kurz zusammen … OK. Ich helfe dir noch einmal dabei.

Textzusammenfassung:

„Ein junger Mann namens Hänschen zieht aus seinem Elternhaus aus. Er freut sich auf sein eigenes Leben, doch seine Mutter ist traurig, weil sie meint, dass sie ihren Sohn verliert. Weinend bittet sie Hänschen, dass er doch bald zu Besuch kommen soll.

In der Fremde sammelt Hänschen gute und schlechte Erfahrungen. Nach 7 Jahren erinnert er sich an den Wunsch seiner Mutter, dass er sie doch besuchen soll. Aus dem jungen Hänschen wurde ein gut aussehender Mann. Ob er wohl in seiner Heimat erkannt wird? Die Leute gehen an ihm vorüber und erkennen ihn nicht. Auch seine Schwester erkennt ihn nicht. Doch seine Mutter erkennt ihn sofort nach dem ersten Augenblick."

So kann die Zusammenfassung zum Beispiel aussehen.

- Nun stellst du dir die Zusammenfassung vor und machst aus ihr wieder einen kleinen Film in deiner Fantasie, den du dir in deinen Gedanken vorstellst und ablaufen lässt. Lasse dazu unbedingt das Playback laufen.

- Singe jetzt den Song zum Playback und denke dabei an den Film. Wenn es dir unangenehm ist, den Song mitzusingen, kannst du den Song auch wieder summen oder mit „la-la-la" singen. Du kannst das ganz leise machen, aber so laut, dass du selbst es deutlich hören kannst.

- Singe den Song so oft, bis du ihn <u>mit und ohne</u> Playback singen oder summen kannst.

- Lege nun deine rechte Hand, wie in Lektion 2 beschrieben, auf die Tastatur. Überprüfe deine Körper- und Fingerhaltung. Spiele die Töne wieder mit der Voice Piano.

- Singe nun – ohne Playback - den ersten Ton von „Hänschen klein" und suche diesen Ton unter den dir bekannten 5 weißen Tasten auf der Tastatur. Es kommen wieder nur diese 5 Töne vor. Spiele jeweils den zu findenden Ton mit dem richtigen Finger. Ebenso machst du es mit dem zweiten Ton, danach mit dem dritten Ton und mit allen weiteren Tönen auch.

  Kleine Hilfe: Mit dem 5. Finger geht es wieder los!

- Du kannst dir wieder die Reihenfolge der Finger aufschreiben.

  Also: 5 3 3 … usw.

- Sobald du die Töne alle gefunden und notiert hast, spielst du die Töne und somit den Song zum Playback.

Sofern du Probleme hast, die Töne des Songs auf der Tastatur zu finden, habe ich für dich wieder eine kleine Hilfe im Internet vorbereitet. Bitte benutze diese Hilfe aber erst dann, wenn du dir wirklich mehrfach Mühe gegeben hast, die Töne zu hören und zu finden.

www.keyboard-lehrgang.com/261011050600.html

Song-Text:

Hänschen klein ging allein in die weite Welt hinein

Stock und Hut steht ihm gut, ist gar wohlgemut.

Aber Mutter weinet sehr, hat ja nun kein Hänschen mehr:

"Wünsch' dir Glück!", sagt ihr Blick "kehre bald zurück!"

*****

Sieben Jahr' trüb und klar Hänschen in der Fremde war,

da besinnt sich das Kind eilet heim geschwind.

Doch nun ist's kein Hänschen mehr, nein ein großer Hans ist er,

Stirn und Hand braungebrannt wird er wohl erkannt?

*****

1,2,3, geh'n vorbei wissen nicht wer das wohl sei,

Schwester spricht: "Welch' Gesicht ", kennt den Bruder nicht!

Doch da kommt sein Mütterlein, schaut ihm kaum in's Aug' hinein,

ruft sie schon: "Hans, mein Sohn, Grüß dich Gott, mein Sohn!"

Lektionsziel:

- Trainiere diese Lektion so oft, bis du „Hänschen klein MIT Playback flüssig singen oder summen und gleichzeitig auf deinem Instrument spielen kannst.
- Wiederhole die Lektionen 1 – 5.

Erst wenn du dir das Lektionsziel vollständig erarbeitet hast, machst du mit der folgenden Lektion 7 weiter.

Lektion 7

Gehörbildung

Song nach Gehör und Gefühl spielen

Das Spielen „in der Band"

Playbacks:

- Lade dir die Playbacks zu dieser Lektion mit folgendem Link von meinem Internet-Server:

http://www.keyboard-lehrgang.com/bookfiles/L7-06051711021800.zip

Lektionsanleitung:

Das Spielen „in der Band":

Wer träumt nicht davon, eine eigene Band zu haben und in der eigenen Band zu spielen?

Nun, in einer Band zu spielen ist nicht so einfach. Auch das will gelernt sein.

Nur wo kriegt man als Anfänger überhaupt eine eigene Band her, mit der man das Spielen in der Band lernen kann?

Kurze Antwort: Das ist ein Ding der Unmöglichkeit!

Trotzdem wollen wir selbstverständlich das Spielen in der Band lernen. Dazu bedienen wir uns einem sogenannten Halbplayback. (HPB)

Ein Halbplayback nennt man ein MP3, auf dem die Melodie oder auch andere Teile des Songs fehlen. Du kannst also zu einem Halbplayback die Melodie mitsingen und selbstverständlich auch auf deinem Instrument mit dazu spielen. Zusammen mit dem Halbplayback klingt dann der Song richtig gut! – Eben wie eine Band oder gar wie ein Orchester.

Du kannst dir das Endergebnis anhören, indem du dir die MP3-Datei „SUMM,SUMM Playback" anhörst, die du dir von meinem Server geladen hast.

Du hörst auf diesem Playback einen Klavierspieler, der die Melodie spielt und von einer Band begleitet wird. Das klingt doch schon ganz anders, als das Playback, aus der ersten Lektion, nicht wahr?

Deine Aufgabe wird es nun sein, den Part des Klavierspielers zu übernehmen.

- Spiele das Playback „SUMM,SUMM Playback" erneut ab und achte ganz genau, an welcher Stelle des Songs das Piano mit dem Spielen beginnt.

- Wähle nun auf deinem Keys das Instrument Flöte oder Querflöte aus. Diese Voice hebt sich recht gut von der Voice Piano ab. Dadurch hörst du leichter, was du selbst auf deinem Instrument spielst und was vom Playback kommt. Spiele jetzt „Summ, summ, summ" zum Playback dazu. Achte ganz genau darauf, dass du genau gleich schnell spielst, wie das Piano auf dem Playback. Du darfst nicht schneller oder langsamer spielen. Du musst genau im Takt spielen.

- Wenn du das fehlerfrei kannst, gehen wir einen Schritt weiter. Wir gönnen dem Klavierspieler unserer Band eine Pause und du spielst seinen Part. ☺

- Höre dir jetzt das Halbplayback „Summ, summ HPB" an, das du mit dieser Lektion bekommen hast. Spiele das Halbplayback ab. Du hörst wieder den Song „Summ, summ, summ", jedoch dieses Mal ohne Melodie. Das Piano fehlt. Klar, unser Klavierspieler macht ja auch gerade Pause.

- **Es ist nun deine Aufgabe, das Piano zum Halbplayback auf deinem Instrument zu spielen.** Achte unbedingt genau darauf, dass du exakt an der richtigen Stelle mit dem Spielen beginnst. Denn deine Band auf dem Halbplayback beginnt vor dir mit dem Spielen! Vergleiche es ganz genau mit dem Playback, wo du genau beginnen musst, an welcher Stelle genau dein Einsatz ist.

- Wähle jetzt also die Voice „Grandpiano" auf deinem Keys aus und spiele den Klavier-Part (Melodie) zusammen mit der Band. Spiele genau im Takt, Nicht zu schnell, nicht zu langsam. **Höre nicht nur auf das, was <u>du</u> spielst. Höre auf deine Band, damit du weißt, wie schnell du spielen musst.**

Sollte es nicht funktionieren, so spiele wieder zum Playback. Solange, bis dieses wirklich total fehlerfrei funktioniert und versuche dich dann wieder am Halbplayback.

Na, klingt das nicht schon richtig gut?

- Erinnere dich jetzt an die kleine Geschichte, die wir uns in Lektion 1 zu „Summ, summ, summ" ausgedacht haben. Fühle dich in diese Geschichte ein … lasse den Film dieser Geschichte vor deinen geschlossenen Augen ablaufen. Spiele nun „Summ, summ, summ" mit diesem Gefühl, das du bekommst, wenn der kleine Film vor deinen geschlossenen Augen abläuft.

Nehme ab dieser Lektion jeden Song den du lernst auf und nutze die kostenlose Lernkontrolle im Unterrichtsforum des MASTER Keyboard & Piano Lehrgangs

Lese dir dazu bitte folgende Seiten sehr aufmerksam durch:

www.keyboard-lehrgang.com/help-kontrolle.html

www.keyboard-lehrgang.com/help-playback.html

www.keyboard-lehrgang.com/help-forum.html

Wichtig: Du musst dich im Unterrichtsforum mit genau dem Benutzernamen registrieren, den du dir aus folgender Formel erstellst:

[Dein Vorname]-[Dein Geburtstag][Dein Geburtsmonat]-LB

Beispiel 1:

Du heißt Martin Müller und bist am 12.06.1965 geboren. Somit ergibt sich dein Benutzername für das Unterrichtsforum, indem du die entsprechenden Daten in die obige Formel einsetzt.

Ergebnis: Martin-1206-LB

Beispiel 2:

Du heißt Kerstin Maier und bist am 02.03.1988 geboren. Somit ergibt sich dein Benutzername für das Unterrichtsforum, indem du die entsprechenden Daten in die obige Formel einsetzt.

Ergebnis: **Kerstin-0203-LB**

Sofern du Schwierigkeiten hast, deinen Benutzername für das Unterrichtsforum zu erstellen, wendest du dich bitte per E-Mail an **sebastian@keyboard-lehrgang.com**

Mein Team und ich helfen dir sehr gerne.

Der Ausbildungsplan des MASTER Keyboard und Piano Lehrgangs

Hier kannst du dir einen Überblick über den Ausbildungsverlauf im MASTER Keyboard & Piano Lehrgangs machen:

www.keyboard-lehrgang.com/help-ausbplan.html

Lektionsziel:

- Spiele „Summ, summ, summ" mit der Voice „Grandpiano" zum HPB.
- Wiederhole die Lektionen 1 – 6.
- Schaffe die Gegebenheiten, dass du gut zu den Playbacks und Halbplaybacks spielen kannst.
- Schaffe die Gegebenheiten, dass du deine Songs mit guter Qualität aufnehmen kannst.
- Melde dich kostenlos für die Lernkontrolle im Unterrichtsforum an, sofern du deine Songs durch einen Lehrer kontrollieren lassen möchtest. (Ich empfehle es dir dringend!)
- Verschaffe dir einen Überblick über den Ausbildungsverlauf im MASTER Keyboard & Piano Lehrgang

Wann lernen wir die Noten?

Du tust dir schwer, die richtigen Töne auf der Tastatur zu finden? Du fragst dich, wann wir die Noten lernen? Bitte lese dir dazu folgende Seite durch:

www.keyboard-lehrgang.com/help-gefuehlsspielen.html

Richtiges Trainieren

Wie im Sport, geht auch beim Musizieren ohne Training gar nichts. Das ist auch gut so. Denn ein Musikinstrument gut spielen zu können ist ein Privileg, das man nicht geschenkt bekommt.

Diese Dinge solltest du beim Trainieren beachten:

1. Du solltest regelmäßig trainieren, möglichst jeden Tag.
2. Du solltest jeden Tag mindestens eine halbe Stunde lang trainieren. Das ist das absolute Minimum.
3. Du solltest effektiv trainieren.
   Was bedeutet „effektiv trainieren"?
   Spielst du jeden Tag 30 Minuten lang alle Songs, die du schon besonders gut spielen kannst, wird dich das nicht sonderlich beim Key spielen voranbringen. Diese Freude kannst du dir außerhalb des Trainings gerne gönnen. In der Trainingszeit solltest du die Songs spielen, bei denen noch Defizite vorhanden sind.
4. Setze dir für das tägliche Training einen festen Termin. Trage diesen Termin in deinen Terminkalender ein. So, als hättest du einen Termin zum Beispiel beim Arzt. Nehme diesen Termin dann auch wahr. Du wirst bald merken, dass sich der sogenannte „innere Schweinehund" in dir melden wird, der dir vorgaukelt, dass du keine Lust hast zum Trainieren oder dass es etwas gibt, das viel wichtiger ist.
   Sei hier unbedingt standhaft! Setzte dich zum geplanten Zeitpunkt an dein Instrument und trainiere mindestens 10 Minuten lang konzentriert und intensiv. Auch, wenn du keine Lust dazu hast. Hast du dann tatsächlich nach diesen 10 Minuten Training immer noch keine Lust, die restlichen 20 Minuten Training zu absolvieren, dann kannst du das Training für diesen Tag nach diesen 10 Minuten beenden.
5. Spiele zum Beginn eines jeden Trainings deinen Lieblings-Song.
6. So oft höre ich die Worte „Ich habe so viel zu tun. Mir fehlt einfach die Zeit zum Trainieren". Das ist wirklich Nonsens. Jeder Mensch hat jeden Tag exakt 24 Stunden Zeit zur Verfügung. Die Frage ist also, mit was ich diese Zeit vergeude oder eben nicht vergeude ... für was ich mir Zeit nehme. Möchtest du ein Instrument spielen können? Ja? – Dann nehme dir die Zeit dafür! Geben wird sie dir keiner.

Lektion 8

FRB – ein keines Hilfsmittel

Lektionsanleitung:

Von jetzt an wird es Schlag auf Schlag gehen. Wir werden einen Song nach dem anderen spielen lernen. Erst mit der Zeit werden die Töne, die Tonverläufe dieser Songs in dein Gefühl übergehen und du wirst sie einfach aus dem Gefühl heraus komplett auswendig spielen können.

Jetzt am Anfang, wo dieses noch nicht der Fall sein kann, machen wir uns das Leben ein wenig einfacher. Wir setzen ein Hilfsmittel ein, das uns beim Spielen der Songs ein wenig unterstützt.

Dieses kleine Hilfsmittel möchte ich dir kurz vorstellen und überreichen. Es ist ein Vordruck, in den du die Reihenfolge der Finger mit denen du einen Song spielst schön aufschreiben kannst.

Einen solchen Vordruck nennt man FRB (**F**inger-**R**eihenfolge-**B**latt).

- Trage die Reihenfolge der Finger, mit denen du „Summ, summ, summ" spielst in das dafür vorbereitete FRB ordentlich ein. Mache es ebenso mit „Hänschen klein".

- Es gibt dabei keine Regeln, wie du die Zahlen in das FRB eintragen sollst. Trage sie einfach so ein, wie sie für dich am meisten Sinn machen und die größte Hilfe sind.

Hast du dir diese „Finger-Reihenfolge" einmal aufgeschrieben, ist es viel einfacher, die Songs zu spielen, weil du an gewissen Stellen kurz „spicken" kannst, mit welchem Finger es denn nun weiter geht.

Du wirst merken, dass du mit der Zeit immer weniger auf das FRB sehen musst und doch ist es gut, wenn man dieses auf dem Notenständer des Keys stehen hat, damit man für den Fall der Fälle kurz drauf sehen kann.

Summm, summ, summ

© by Sebastian Wegener

5 4 3	**2 3 4 2**	**1**	
3 4 5 3	**2 3 4 2**		

30

Hänschen klein

© by Sebastian Wegener

5 3 3	4 2 2	1 2 3 4	

Auf der übernächsten Seite habe ich dir einen „leeren" Vordruck erstellt. Kopiere dir diesen Vordruck aus diesem Buch, wann immer du ihn benötigst und trage die Finger-Reihenfolge für den Song entsprechend ein.

Vergesse bitte nicht, den Titel des Songs in das obere Kästchen zu schreiben.

Anmerkung:

Keine Sorge, wir lernen auch die „richtigen" Noten. ☺ Doch jetzt geht es erst einmal darum, dein musikalisches Gefühl und dein musikalisches Gehör zu schulen. Solange du hier keine Grund-Basis erreicht hast, sind die „richtigen" Noten eher schädlich als hilfreich. Das musikalische Gehör und musikalische Gefühl sind das A und O in der Musik.

Was nützt es dir, wenn du einen Ton nach Noten spielst und nicht hören kannst, ob dieser Ton richtig oder falsch klingt.

Ein Wort zur Songauswahl ...

Jetzt, zu Beginn der Ausbildung, werden wir einfachere Songs lernen. Kinderlieder, einfache Teile aus klassischen Werken, einfache Gospels und Spirituals und auch einfache Songs aus dem Bereich Rock, Blues etc.

Bitte sei nicht schon zu Beginn des Kurses ungeduldig. Diese einfachen Songs haben eine sehr wichtige Funktion. Du baust dir auf Basis dieser Songs das Fundament deines musikalischen Gehörs und deines musikalisches Feeling auf.

Mit schweren Songs hättest du diesbezüglich keine Chance. Die musikalischen Abläufe und Zusammenhänge wären bei schweren Songs zu kompliziert. Du könntest sie somit nicht per Gefühl erfassen und verinnerlichen. Keine Sorge, diese Abläufe werden alle automatisch über das Unterbewusstsein erfasst und verinnerlicht, sofern man den Anfang der Ausbildung richtig beginnt. Es hat also seinen guten Grund, warum wir mit diesen einfachen Kinderliedern beginnen.

Hier kannst du dir die Songs anhören, die du schon bald in den nächsten Kursen im Rahmen meines Lehrgangs lernen kannst:

https://www.youtube.com/user/keyboardschule/videos

Lektionsziel:

- Trage die Finger-Reihenfolge von Summ, summ, summ und Hänschen klein jeweils in das dafür vorgesehene FRB ein.

- Spiele die beiden Songs mit Hilfe dieser Notation, wie in der Lektionsanleitung beschrieben.

- Hast du dich im Unterrichtsforum angemeldet? – Mach' diesen Schritt, er ist für dich komplett kostenlos und bringt dir die absolute Gewissheit, dass du alles richtig lernst.

Leeres FRB zum Kopieren:

Lektion 9

Hopp, hopp, hopp

Gehörbildung

Song nach Gehör und Gefühl spielen

Lektionsanleitung:

- Öffne das Playback des Songs „Hopp, hopp, hopp" auf deinem PC. Es handelt sich hierbei wieder um ein sehr bekanntes Kinderlied.

  http://keyboard-lehrgang.com/bookfiles/L9-08051708573400.zip

- Spiele das Playback ab.

- Lese dir den Text von „Hopp, hopp, hopp" durch während das Playback läuft. Fasse - wie bei „Summ, summ, summ" und „Hänschen klein" - den Text wieder kurz zusammen.

- Nun erstellst du dir vor deinen geschlossenen Augen aus der Zusammenfassung wieder deinen kleinen Film. Lasse dabei unbedingt das Playback laufen. Es inspiriert dich.

- Singe jetzt den Song zum Playback und denke dabei an den Film. Wenn es dir unangenehm ist, den Song mitzusingen, kannst du den Song auch wieder summen oder mit „la-la-la" singen.

- Singe den Song so oft, bis du ihn <u>ohne</u> Playback singen oder summen kannst.

- Lege nun deine rechte Hand, wie in Lektion 2 beschrieben auf die Tastatur. Singe oder summe die ersten Töne von „Hopp, hopp, hopp" und suche die Töne auf der Tastatur (ohne Playback). Es sind alles Töne der uns bekannten 5 weißen Tasten.

  Kleine Hilfe: Mit dem 1. Finger geht es los!

  Wir spielen wieder mit der Voice Grandpiano.

  Singe nun den ersten Ton von „Hopp, hopp, hopp" und suche diesen Ton unter den dir bekannten 5 weißen Tasten auf der Tastatur. Spiele den Ton mit dem richtigen Finger. Ebenso machst du es mit dem zweiten Ton, danach mit dem dritten Ton und mit allen weiteren Tönen auch.

… so würdest du diesen Song jetzt normalweise wieder erlernen.

Profi-Trick:

Heute zeige ich dir, wie wir Profis einen Song ohne Noten vom MP3 spielen lernen. Es gibt eine kleine, aber sehr geniale und sehr hilfreiche Software, die du dir mit folgendem Link kostenlos downloaden kannst:

Windows XP: *http://www.keyboard-lehrgang.com/bestpractice1_03.exe*

Windows 7: *http://www.keyboard-lehrgang.com/bestpractice-win7.exe*

Es handelt sich bei dieser Software um **das Programm „Best Practice"** und ist ein Audio-Player mit einigen hervorragenden Spezial-Funktionen.

Installiere jetzt den Player auf deinem PC und dann kann es auch schon losgehen.

Dieser Spezial-Player hat gegenüber den herkömmlichen Playern einige Besonderheiten, da er speziell für das Keys-Training entwickelt wurde.

1. Du kannst bei diesem Player das Tempo des Songs ändern, ohne dass sich dabei die Tonhöhe verändert. Das ist ganz besonders dann vorteilhaft, wenn du die Melodie noch nicht so gut spielen kannst, wenn deine Finger noch nicht „so schnell" sind, wie du es gerne hättest. Wenn du den Song dann langsam ablaufen lässt, kommst du wesentlich besser hinterher. Je mehr du spielst und übst, desto schneller werden deine Finger.

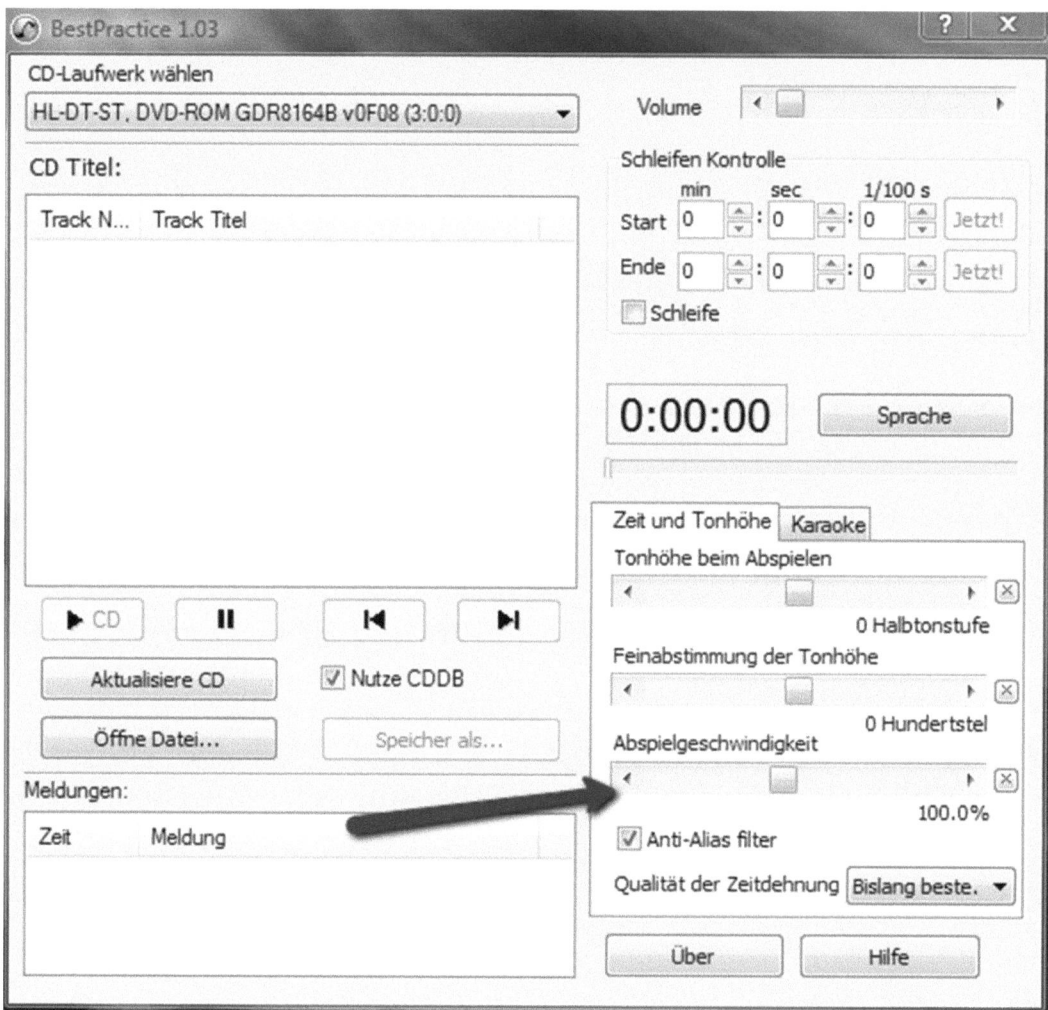

2. Du kannst mit diesem kleinen Player auch sog. Schleifen bilden. Es macht keinen Sinn, einen Song beim Üben immer wieder und wieder von vorne zu beginnen. Effektiver ist es, wenn man die Stellen, die besondere Schwierigkeiten beim Nachspielen darstellen ganz gezielt übt.

Mit der Schleifenkontrolle kannst du das tun. Du lässt den Song abspielen und klickst kurz vor der schwierigen Stelle bei Start auf den Button „Jetzt". Sobald die schwere Stelle vorüber ist, klickst du bei Ende auf den Start-Button. Danach machst du im Kontrollkästchen bei „Schleife" einen Haken rein. Nun wird die schwere Stelle des Songs ständig wiederholt.

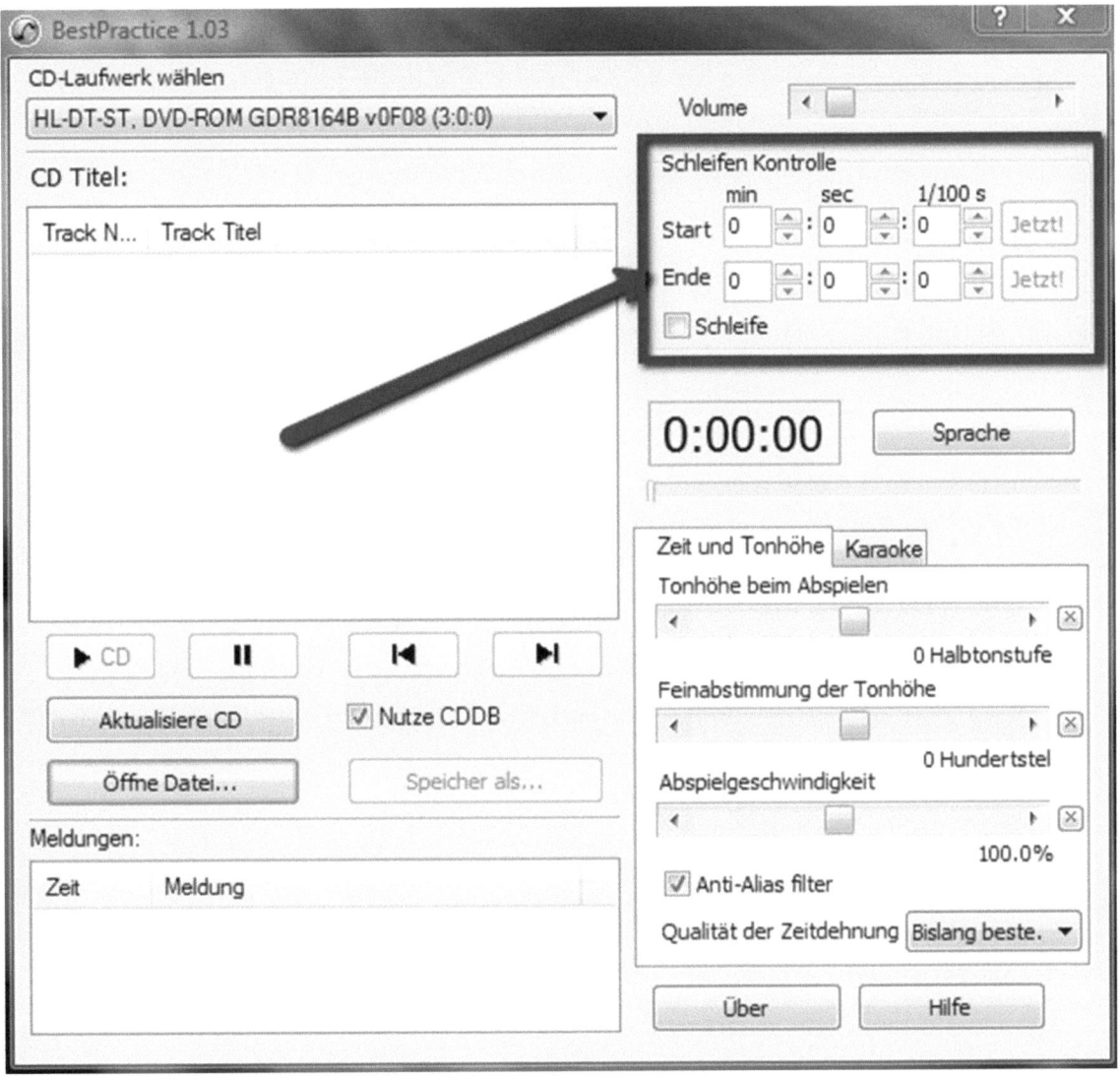

Du kannst einen Song auch schneller wie normal mit Best-Practice abspielen lassen. Das macht dann Sinn, wenn man seine „Finger schnell machen" möchte. Versuche es einfach mal mit den Songs, die du schon gelernt hast. Lasse die Songs schneller abspielen und spiele mit. Dann lässt du die Songs wieder mit der normalen Geschwindigkeit abspielen, also mit 100%. Du wirst merken, dass du jetzt viel leichter mitspielen kannst.

Technische Hinweise:

Je nachdem, welche Soundkarte oder Grafikkarte du in deinem PC hast, welches Betriebs-System du installiert hast usw. kann es möglich sein, dass Best Practice sich nicht problemlos installieren lässt. Sollte dieses bei dir der Fall sein, so frage bitte im Forum um Hilfe an.

Solltest du eine ähnliche Software für Apple-Produkte oder Android-Produkte oder oder oder benötigen, so frage bitte ebenso im Forum diesbezüglich an.

Diese Themen im Unterrichtsforum helfen dir hierbei weiter:

http://keyboard-lehrgang.com/sewe-forum/viewtopic.php?f=63&t=6846

http://keyboard-lehrgang.com/sewe-forum/viewtopic.php?f=16&t=15856

Du musst im Unterrichtsforum registriert sein, um diese beiden Artikel lesen zu können. (siehe Lektion 7)

Weiter in unserer Lektion ...

- Öffne jetzt das Playback „Hopp, hopp, hopp" mit Best-Practice.

- Reduziere die Abspielgeschwindigkeit ein wenig. Versuche nun sofort auf deinem Keys die richtigen Töne zu finden, während der Song langsam vom Playback abgespielt wird.

- Wähle auch hier wieder eine Voice aus, die sich stark von der Voice des Playbacks unterscheidet, damit du dein Spielen vom Playback gut unterscheiden kannst. Auf dem Playback ist die Melodie, welche du mitspielen möchtest, mit dem Piano gespielt. Suche dir als Voice zum Beispiel eine Flöte oder eine Querflöte aus. Diese kannst du gut vom Piano unterscheiden.

- Reduziere die Abspielgeschwindigkeit so stark, bis du den Song mitspielen kannst. Funktioniert das Mitspielen auch mit sehr langsamer Geschwindigkeit noch nicht, musst du den Song erst noch einmal singen lernen und mit dieser Methode die Töne suchen.

Mit der Zeit wirst du es dann auf jeden Fall schaffen, die Methode mit Best-Practice anzuwenden. Es ist nur eine Übungssache.

Nachstehend bekommst du den FRB-Vordruck von „Hopp, hopp, hopp". Trage die Fingerreihenfolge entsprechend in den FRB ein, damit du eine Hilfe beim Spielen des Songs hast.

Hopp, hopp, hopp
© by Sebastian Wegener

Song-Text:

Hopp, hopp, hopp! Pferdchen lauf' Galopp!

Über Stock und über Steine, aber brich dir nicht die Beine.

Hopp, hopp, hopp! Pferdchen lauf Galopp.

Tipp, tipp, tapp! Wirf mich nur nicht ab!

Zähme deine wilden Triebe, Pferdchen, tu es mir zuliebe.

Tipp, tipp, tapp! Wirf mich nur nicht ab!

Brr, brr, he! Steh doch Pferdchen, steh!

Sollst schon heute weiter springen, muß dir nur erst Futter bringen.

Brr, brr, he! Steh doch Pferdchen, steh!

Ja, ja, ja! Sind wir wieder da.

Schwester, Vater, liebe Mutter, findet auch mein Pferdchen Futter.

Ja, ja, ja! Sind wir wieder da!

Lektionsziel:

- Trainiere diese Lektion so oft, bis du den Song zum Playback im Originaltempo auf deinem Keyboard / E-Piano spielen kannst. Halte dich genau an die Lektionsanleitung.

- Achte darauf, dass du den Song mit Gefühl spielst!

- Fülle das FRB für diesen Song aus.

- Mache dich mit „Best-Practice" oder einem alternativen Programm, das du im Unterrichtsforum bekommst vertraut und setze es beim Üben von nun an immer ein.

Fehler Nr. 1

den Schüler leider immer wieder gerne machen!

Der größte und häufigste Fehler, den viele Schüler leider immer wieder gerne machen, ist … dass
- sie die Lektionsanleitung nicht richtig lesen.
- sie die Lektionen nicht vollständig lesen.
- sie die Lektionsanleitung nur überfliegen.
- sie die Lektionsanleitung überhaupt nicht lesen.
- sie die Lektionsanleitung nicht mit der nötigen Konzentration und Aufmerksamkeit lesen.

Ich schreibe nichts in meinen Lektionen, das nicht wichtig ist oder keinen Sinn hätte. Eine Lektion baut auf der anderen auf. Manche Dinge werden erst später wichtig.

Es ist wirklich enorm wichtig, dass du dir jede Lektion vollständig durchliest und dir exakt so erarbeitest, wie es dort beschrieben ist. Solltest du mal Fragen haben, kannst du dich gerne an mich und mein Lehrer-Team per E-Mail wenden. Wir helfen dir von Herzen gerne.

E-Mail-Adresse: *sebastian@keyboard-lehrgang.com*

Selbstverständlich kannst du auch im Unterrichtsforum deine Fragen stellen oder nachschlagen. Es gibt wohl kaum eine Frage, die im Unterrichtsforum nicht bereits gestellt und beantwortet worden ist.

Lektion 10

Hänschen klein

Gehörbildung

Song nach Gehör und Gefühl spielen

Das Spielen „in der Band"

Playbacks:

- Lade dir die Playbacks zu dieser Lektion mit folgendem Link von meinem Internet-Server:

http://www.keyboard-lehrgang.com/bookfiles/L10-060517094211.zip

Lektionsanleitung:

In dieser Lektion spielen wir wieder mit „unserer Band".

Wir spielen den zweiten Song, den wir bereits gelernt haben, „Hänschen klein" nun in der Band-Version!

Im Download bekommst du ein Voll-Playback (VPB) und ein Halbplayback (HPB).

- Beginne wieder mit dem VPB. Lasse das VPB abspielen und achte ganz genau, an welcher Stelle die Melodie beginnt.

- Tipp: „Hänschen klein" auf diesem Playback unterscheidet sich von dem „Hänschen klein", das du bis jetzt gespielt hast. Wodurch? Höre es selbst. Achte genau auf dieses Playback!

- Wähle nun auf deinem Keys wieder eine Voice, die sich von der Voice, mit der die Melodie auf dem Playback gespielt ist stark abhebt. Dadurch kannst du wieder das was du spielst leichter von der Melodie des Playbacks unterscheiden.

- Setze selbstverständlich dein Best-Practice ein und stelle das Tempo so ein, dass du gut zum Vollplayback (VPB) mitspielen kannst.

- Achte wieder ganz genau darauf, dass du synchron zum VPB spielst. Du musst genau an der gleichen Stelle beginnen, du darfst nicht schneller und nicht langsamer spielen, sondern genau im Rhythmus, welcher vom VPB vorgegeben wird.

<u>Beginne auf keinen Fall sofort mit dem HPB. Spiele so lange zum VPB, bis du den Song fehlerfrei spielen kannst.</u>

- Erst wenn du den Song fehlerfrei oder zumindest nahezu fehlerfrei zum VPB spielen kannst, spielst du ihn zum HPB. Du darfst dir die Voice selbst aussuchen, mit der du zum HPB spielen möchtest. Die Voice sollte jedoch zum Song passen. Höre auf dein Gefühl. Du musst die Voice so wählen und auch den Song so spielen, dass du ein Teil der Band bist. Du darfst nicht zu laut und nicht zu leise spielen. Nehme das Gefühl des Songs auf, fühle dich in den Song ein und spiele dann mit Gefühl zusammen mit „deiner Band". Du und das HPB, ihr müsst eine Einheit, ein Klangkörper sein. Du musst mit dem HPB harmonieren.

- Erinnere dich an die kleine Geschichte, die wir uns zu diesem Song ausgedacht haben. Fühle dich wieder in diese Geschichte ein … lasse den Film dieser Geschichte vor deinen geschlossenen Augen ablaufen. Spiele den Song mit diesem Gefühl, das du bekommst, wenn der kleine Film vor deinen geschlossenen Augen abläuft.

FRB Summ, summ, summ

Nachstehend bekommst du das vollständig ausgefüllte FRB von „Summ, summ, summ". Vergleiche es mit dem FRB, das du selbst ausgefüllt hast. Stimmen die Finger überein? Ich habe die Orchester-Version von „Summ, summ, summ eingetragen. Sie ist doppelt so lang.

Summ, summ, summ

5 4	3	2 3 4 2	1
3 4 5 3	2 3 4 2	3 4 5 3	2 3 4 2
5 4	3	2 3 4 2	1
5 4	3	2 3 4 2	1
3 4 5 3	2 3 4 2	3 4 5 3	2 3 4 2
5 4	3	2 3 4 2	1

Lektionsziel:

- Spiele den Song der heutigen Lektion zum HPB mit Originalgeschwindigkeit.

- Suche eine Voice passend zum HPB aus.

- Setze den Best-Practice Player ein!

- Spiele den Song mit Gefühl, fühle dich in das HPB ein!

- FRB „Summ, summ, summ" vergleichen

Lektion 11

Hopp, hopp, hopp

Gehörbildung

Song nach Gehör und Gefühl spielen

Das Spielen „in der Band"

Playbacks:

- Lade dir die Playbacks zu dieser Lektion mit folgendem Link von meinem Internet-Server:

http://www.keyboard-lehrgang.com/bookfiles/L11-08051710102800.zip

Lektionsanleitung:

Spiele das VPB ab und achte ganz genau, an welcher Stelle die Melodie beginnt.

Auf dem VPB wurde die Melodie mit einem Orgel-Sinus-Sound der legendären Wersi-Orgeln eingespielt.

Wähle nun auf deinem Keys eine Voice, die sich von der Voice, mit der die Melodie auf dem Playback gespielt ist stark abhebt. Dadurch kannst du das was du spielst leichter von der Melodie des VPB unterscheiden.

Setze selbstverständlich dein Best-Practice ein und stelle das Tempo so ein, dass du zum VPB mitspielen kannst.

Achte ganz genau darauf, dass du synchron zum VPB spielst. Du musst genau an der gleichen Stelle beginnen, du darfst nicht schneller und nicht langsamer spielen, sondern genau im Rhythmus, welcher vom VPB vorgegeben wird.

<u>Beginne auf keinen Fall sofort mit dem HPB. Spiele so lange zum VPB, bis du den Song fehlerfrei spielen kannst.</u>

Erst wenn du den Song fehlerfrei oder zumindest nahezu fehlerfrei zum VPB spielen kannst, spielst du ihn zum HPB.

Du darfst dir die Voice selbst aussuchen, mit der du zum HPB spielen möchtest. Die Voice sollte jedoch zum Song passen. Höre auf dein Gefühl. Du musst die Voice so wählen und auch den Song so spielen, dass du ein Teil der Band bist. Du darfst nicht zu laut und nicht zu leise spielen. Nehme das Gefühl des Songs auf, fühle dich in den Song ein, erstelle deinen „kleinen Film" und spiele dann mit Gefühl zusammen mit „deiner Band". Du und das HPB, ihr müsst eine Einheit, ein Klangkörper sein. Du musst mit dem HPB harmonieren.

FRB Hänschen klein

Nachstehend bekommst du das vollständig ausgefüllte FRB. Vergleiche es mit dem FRB, das du selbst ausgefüllt hast. Stimmen die Finger überein? Ich habe die Band-Version aufgeschrieben.

Hänschen klein
© by Sebastian Wegener

5 3 3	4 2 2	1 2 3 4	5 5 5
5 3 3	4 2 2	1 3 5 5	1
5 3 3	4 2 2	1 2 3 4	5 5 5
5 3 3	4 2 2	1 3 5 5	1

Lektionsziel:

- Spiele den Song zum HPB mit Originalgeschwindigkeit.

- Suche eine Voice passend zum HPB aus.

- Setze den Best-Practice Player ein!

- Spiele den Song mit Gefühl, fühle dich in das HPB ein!

- FRB Hänschen klein vergleichen

Lektion 12

Barcarole

Gehörbildung

Song nach Gehör und Gefühl spielen

Das Spielen „in der Band"

Playbacks:

- Lade dir die Playbacks zu dieser Lektion mit folgendem Link von meinem Internet-Server:

http://www.keyboard-lehrgang.com/bookfiles/L12-08051710181200.zip

Lektionsanleitung:

Spiele das VPB ab und achte ganz genau, an welcher Stelle die Melodie beginnt.

Auf dem VPB wurde die Melodie mit einem Breathy Saxophon gespielt.

Wähle nun auf deinem Keys eine Voice, die sich von der Voice, mit der die Melodie auf dem Playback gespielt ist stark abhebt. Dadurch kannst du das was du spielst leichter von der Melodie des VPB unterscheiden.

Setze selbstverständlich dein Best-Practice ein und stelle das Tempo so ein, dass du zum VPB mitspielen kannst.

Achte ganz genau darauf, dass du synchron zum VPB spielst. Du musst genau an der gleichen Stelle beginnen, du darfst nicht schneller und nicht langsamer spielen, sondern genau im Rhythmus, welcher vom VPB vorgegeben wird.

<u>Beginne auf keinen Fall sofort mit dem HPB. Spiele so lange zum VPB, bis du den Song fehlerfrei spielen kannst.</u>

Erst wenn du den Song fehlerfrei oder zumindest nahezu fehlerfrei zum VPB spielen kannst, spielst du ihn zum HPB.

Du darfst dir die Voice selbst aussuchen, mit der du zum HPB spielen möchtest. Die Voice sollte jedoch zum Song passen. Höre auf dein Gefühl. Du musst die Voice so wählen und auch den Song so spielen, dass du ein Teil des Orchesters bist. Du darfst nicht zu laut und nicht zu leise spielen. Nehme das Gefühl des Songs auf, fühle dich in den Song ein, erstelle deinen „kleinen Film" und spiele dann mit Gefühl zusammen mit „deiner Band". Du und das HPB, ihr müsst eine Einheit, ein Klangkörper sein. Du musst mit dem HPB harmonieren.

Fülle das FRB für diesen Song aus. Schreibe die Voice, die du verwendest rechts oben auf das FRB neben den Song-Titel. Somit weißt du immer sofort, mit welcher Voice du den Song einstudiert hast.

FRB Hopp, hopp, hopp

Nachstehend bekommst du das vollständig ausgefüllte FRB. Vergleiche es mit dem FRB, das du selbst ausgefüllt hast. Stimmen die Finger überein? Ich habe die Band-Version aufgeschrieben.

Jacques Offenbach

(* 20. Juni 1819 in Köln; † 5. Oktober 1880 in Paris; geboren als Jakob Offenbach) war ein französischer Komponist und Cellist mit deutsch-jüdischer Vergangenheit.

Er gilt als Begründer der modernen Operette als eigenständiges und anerkanntes Genre des Musiktheaters. Er hat den Song Barcarole komponiert.

Du brauchst die Daten und das Leben von Jacques Offenbach <u>nicht</u> auswendig lernen. Man sollte als Musiker nur schon einmal von Offenbach gehört haben und man sollte auch wissen, dass er ein bedeutender Komponist war. Wenn du dir dann auch noch merken kannst, dass er Barcarole geschrieben hat, dann ist das wunderbar! ☺

Song-Text:

Night of stars

and night of love,

Fall gently o'er the waters.

Heav'n around below above,

no more we'll heed the shore!

Jacques Offenbach: Barcarole			
© by Sebastian Wegener			

Hopp, hopp, hopp
© by Sebastian Wegener

1 3	5	5 4 3 2	1
4 4 3 2	5 5 3 1	4 4 3 2	5 5 3 1
1 3	5	5 4 3 2	1
1 3	5	5 4 3 2	1
4 4 3 2	5 5 3 1	4 4 3 2	5 5 3 1
1 3	5	5 4 3 2	1

Lektionsziel:

- Spiele den Song zum HPB mit Originalgeschwindigkeit.
- Suche eine Voice passend zum HPB aus.
- Setze den Best-Practice Player ein!
- Spiele den Song mit Gefühl, fühle dich in das HPB ein!!!
- Fülle das FRB von Barcarole aus.
- FRB Hopp, hopp, hopp vergleichen.

Lektion 13

Song of Joy (Europa-Hymne)

Gehörbildung

Song nach Gehör und Gefühl spielen

Das Spielen „in der Band"

Playbacks:

- Lade dir die Playbacks zu dieser Lektion mit folgendem Link von meinem Internet-Server:

http://www.keyboard-lehrgang.com/bookfiles/L13-08051710294800.zip

Lektionsanleitung:

Spiele das VPB ab und achte ganz genau, an welcher Stelle die Melodie beginnt.

Auf dem VPB wurde die Melodie mit einem Flügel gespielt. Wähle nun auf deinem Keys eine Voice, die sich von der Voice, mit der die Melodie auf dem Playback gespielt ist stark abhebt. Dadurch kannst du das was du spielst leichter von der Melodie des VPB unterscheiden.

Setze selbstverständlich dein Best-Practice ein und stelle das Tempo so ein, dass du zum VPB mitspielen kannst.

Achte ganz genau darauf, dass du synchron zum VPB spielst. Du musst genau an der gleichen Stelle beginnen, du darfst nicht schneller und nicht langsamer spielen, sondern genau im Rhythmus, welcher vom VPB vorgegeben wird.

<u>Beginne auf keinen Fall sofort mit dem HPB. Spiele so lange zum VPB, bis du den Song fehlerfrei spielen kannst.</u>

Erst wenn du den Song fehlerfrei oder zumindest nahezu fehlerfrei zum VPB spielen kannst, spielst du ihn zum HPB. Du darfst dir die Voice selbst aussuchen, mit der du zum HPB spielen möchtest. Die Voice sollte jedoch zum Song passen. Höre auf dein Gefühl.

Du musst die Voice so wählen und auch den Song so spielen, dass du ein Teil des Orchesters bist. Du darfst nicht zu laut und nicht zu leise spielen. Nehme das Gefühl des Songs auf, fühle dich in den Song ein, erstelle deinen „kleinen Film" und spiele dann mit Gefühl zusammen mit „deiner Band". Du und das HPB, ihr müsst eine Einheit, ein Klangkörper sein. Du musst mit dem HPB harmonieren.

Fülle das FRB für diesen Song aus. Schreibe die Voice, die du verwendest rechts oben auf das FRB neben den Song-Titel. Somit weißt du immer sofort, mit welcher Voice du den Song einstudiert hast.

Der Komponist Ludwig van Beethoven

Ludwig van Beethoven (~ 17. Dezember 1770 in Bonn; † 26. März 1827 in Wien) war ein deutscher Komponist der Wiener Klassik. Er gilt als der Komponist, der die Musik dieser Stilepoche zu ihrer höchsten Entwicklung geführt und der Romantik den Weg bereitet hat.

Die Ode „An die Freude" (Song Of Joy) liegt dem letzten Satz der 9. Sinfonie von Ludwig van Beethoven zugrunde. Beethoven komponierte diesen letzten Satz zu einem Text von Schiller. Er vollendete seine 9. Sinfonie unter vollständiger Taubheit und begann sogar seine letzte Sinfonie, die 10. Sinfonie, völlig taub zu komponieren. Dies war möglich, weil Beethoven die Musik, die er schrieb fühlte. Er fühlte die Töne und konnte sie dadurch – obwohl er taub war – über das Gefühl in sich hören.

Heute ist die Ode an die Freude die Hymne Europas und eines der bekanntesten klassischen Themen überhaupt.

Song-Text:

Deutscher Text:

Freude schöner Götterfunken, Tochter aus Elysium,

Wir betreten feuertrunken, Himmlische, dein Heiligtum!

Englischer Text:

Come sing a song of joy for peace shall come, my brother

Sing, sing a song of joy for men shall love each other.

Beethoven: Song Of Joy
© by Sebastian Wegener

FRB Barcarole

Nachstehend bekommst du das vollständig ausgefüllte FRB. Vergleiche es mit dem FRB, das du selbst ausgefüllt hast. Stimmen die Finger überein? Ich habe die Band-Version aufgeschrieben.

Barcarole
© by Sebastian Wegener

3 4	4 3	3 2 4	4 3
3 2 4	4 3	3	3 4
4 3	3 2 4	4 3	3 2 4
4 3	1		
3 4	4 3	3 2 4	4 3
3 2 4	4 3	3	3 4
4 3	3 2 4	4 3	3 2 4
4 3	1		

Lektionsziel:

- Spiele den Song zum HPB mit Originalgeschwindigkeit.
- Suche eine Voice passend zum HPB aus.
- Setze den Best-Practice Player ein!
- Spiele den Song mit Gefühl, fühle dich in das HPB ein!!!
- Fülle das FRB von Song of Joy aus, vergleiche das FRB von Barcarole.

Lektion 14

Cryin' Girl

Gehörbildung

Song nach Gehör und Gefühl spielen

Das Spielen „in der Band"

Playbacks:

- Lade dir die Playbacks zu dieser Lektion mit folgendem Link von meinem Internet-Server:

http://www.keyboard-lehrgang.com/bookfiles/L14-08051710421807.zip

Lektionsanleitung:

Spiele das VPB ab und achte ganz genau, an welcher Stelle die Melodie beginnt.

Auf dem VPB wurde die Melodie mit einer Trompete gespielt. Wähle nun auf deinem Keys eine Voice, die sich von der Voice, mit der die Melodie auf dem Playback gespielt ist stark abhebt. Dadurch kannst du das was du spielst leichter von der Melodie des VPB unterscheiden.

Setze selbstverständlich dein Best-Practice ein und stelle das Tempo so ein, dass du zum VPB mitspielen kannst.

Achte ganz genau darauf, dass du synchron zum VPB spielst. Du musst genau an der gleichen Stelle beginnen, du darfst nicht schneller und nicht langsamer spielen, sondern genau im Rhythmus, welcher vom VPB vorgegeben wird.

<u>Beginne auf keinen Fall sofort mit dem HPB. Spiele so lange zum VPB, bis du den Song fehlerfrei spielen kannst.</u>

Erst wenn du den Song fehlerfrei oder zumindest nahezu fehlerfrei zum VPB spielen kannst, spielst du ihn zum HPB.

Du darfst dir die Voice selbst aussuchen, mit der du zum HPB spielen möchtest. Die Voice sollte jedoch zum Song passen. Höre auf dein Gefühl. Du musst die Voice so wählen und auch den Song so spielen, dass du ein Teil des Orchesters bist. Du darfst nicht zu laut und nicht zu leise spielen. Nehme das Gefühl des Songs auf, fühle dich in den Song ein, erstelle deinen „kleinen Film" und spiele dann mit Gefühl zusammen mit „deiner Band". Du und das HPB, ihr müsst eine Einheit, ein Klangkörper sein. Du musst mit dem HPB harmonieren.

Fülle das FRB für diesen Song aus. Schreibe die Voice, die du verwendest rechts oben auf das FRB neben den Song-Titel. Somit weißt du immer sofort, mit welcher Voice du den Song einstudiert hast.

FRB Song of Joy (Europa-Hymne)

Nachstehend bekommst du das vollständig ausgefüllte FRB dieses Songs. Vergleiche es mit dem FRB, das du selbst ausgefüllt hast. Stimmen die Finger überein? Ich habe die Band-Version aufgeschrieben.

„Pimp my Song"

Der Begriff „PIMPEN" stammt eigentlich aus der Ecke des Auto-Tunings und bedeutet, ein Standard-Auto zu tunen ... aufzumotzen, dass aus ihm ein einzigartiges Unikat entsteht.

Auch die Bekleidungsindustrie hat diesen Begriff übernommen und ebenso ist dieser Begriff im Musik-Genre geläufig. Im Musik-Genre bedeutet dieser Begriff, dass man einen Song so „aufmotzt", dass er einzigartig wird, dass er ein Unikat wird.

Das Pimpen eines Songs hat auch einen „altmodischen" Begriff. Nämlich arrangieren. So ist das Pimpen von Songs in der Musik sogar ein eigenständiger Beruf. Dieser Beruf nennt sich Arrangeur.

Einer der erfolgreichsten Arrangeure überhaupt war James „Hansi" Last.

Viele Jahrzehnte lang pimpte er erfolgreiche Songs passend auf seine Big-Band und kreierte dadurch einen ganz eigenen Sound, den HAPPY-SOUND, der durch das Gefühl, das er ausstrahlt im Nu für gute Laune und gute Stimmung sorgt. Mit diesem eigen erschaffenen Sound hat James Last mehr als 40 Millionen Tonträger verkauft. Mehr als Michael Jackson! Seine Auszeichnungen: 17 x Platin, 213 x Gold, 6 x Silber!

Im Download habe ich ein MP3 für dich beigelegt, auf dem du unseren heutigen Song „Cryin' Girl" im Happy Sound von James Last auf einem Keyboard (Yamaha Tyros 3) gespielt hörst. Viel Spaß!

Wir werden uns im Laufe meines MASTER Keyboard & Piano Lehrgangs noch sehr häufig mit dem Pimpen von Songs befassen, da dieses beim Keyboard und E-Piano spielen enorm wichtig ist und riesigen Spaß macht. Dieses kleine Beispiel soll heute nur ein kleiner Einstieg sein, der dir den Begriff des Pimpen von Songs ein wenig näher bringt.

Zum Thema „mit Gefühl spielen":

„Cryin'g Girl" heißt übersetzt ja eigentlich „weinendes Mädchen". Nun kannst du dir sicherlich die Frage stellen, wie denn dieser Titel zum Happy-Sound von Hansi Last überhaupt passen soll. (Hans war übrigens der Spitzname von James Last).

Nun, das ist einfach erklärt. Du weißt nicht, wie mein „kleiner Film" aussieht, auf dessen Grundlage ich diesen gepimpten Song gespielt habe. Einen Text zum Song gibt es ja nicht. Ich verrate dir meinen kleinen Film:

„Ein weinendes Mädchen wird von einem Jungen angesprochen. Er nimmt sie in seine Arme und sagt ihr, dass das Leben doch viel zu kurz zum Weinen ist, wischt ihr die Tränen aus den Augen, gibt ihr einen Kuss auf die Wange, zaubert ihr ein Lächeln ins Gesicht und nimmt sie mit auf eine tolle Party. Die beiden feiern und tanzen die ganze Nacht!"

Nun, zu diesem kleinen Film passt der „Happy-Sound" durchaus. Es steht dir immer frei, mit welchem Gefühl du einen Song spielst. Mache dir klar, was du tust, was du spielst. Dann fühlst du, wie du einen Song spielen magst. Und dann machst du richtig gute Musik. Musik mit Gefühl! Musik, die anderen Menschen unter die Haut geht, die andere Menschen in deren Herzen berührt.

Cryin' Girl
© by Sebastian Wegener

Beethoven: Song Of Joy

© by Sebastian Wegener

3 3 4 5	5 4 3 2	1 1 2 3	3 2 2
3 3 4 5	5 4 3 2	1 1 2 3	2 1 1 1234
3 3 4 5	5 4 3 2	1 1 2 3	3 2 2
3 3 4 5	5 4 3 2	1 1 2 3	2 1 1

Lektionsziel:

- Spiele den Song zum HPB mit Originalgeschwindigkeit
- Suche eine Voice passend zum HPB aus
- Setze den Practice-Player ein!
- Spiele den Song mit Gefühl, fühle dich in das HPB ein!
- FRB „Song of Joy" vergleichen.
- „Crying Girl" – Version 2 (Pimp) amhören.
- Verstehen, was pimpen bedeutet.

Lektion 15

Kuckuck

Gehörbildung

Song nach Gehör und Gefühl spielen

Das Spielen „in der Band"

Playbacks:

- Lade dir die Playbacks zu dieser Lektion mit folgendem Link von meinem Internet-Server:

http://www.keyboard-lehrgang.com/bookfiles/L15-08051713081404.zip

Lektionsanleitung:

Spiele das VPB ab und achte ganz genau, an welcher Stelle die Melodie beginnt.

Auf dem VPB ist die Melodie mit einer Querflöte gespielt. Wähle nun auf deinem Keys eine Voice, die sich von der Voice, mit der die Melodie auf dem Playback gespielt ist stark abhebt. Dadurch kannst du das was du spielst leichter von der Melodie des VPB unterscheiden.

Setze selbstverständlich dein Best-Practice ein und stelle das Tempo so ein, dass du zum VPB mitspielen kannst.

Achte ganz genau darauf, dass du synchron zum VPB spielst. Du musst genau an der gleichen Stelle beginnen, du darfst nicht schneller und nicht langsamer spielen, sondern genau im Rhythmus, welcher vom VPB vorgegeben wird.

<u>Beginne auf keinen Fall sofort mit dem HPB. Spiele so lange zum VPB, bis du den Song fehlerfrei spielen kannst.</u>

Erst wenn du den Song fehlerfrei oder zumindest nahezu fehlerfrei zum VPB spielen kannst, spielst du ihn zum HPB. Du darfst dir die Voice selbst aussuchen, mit der du zum HPB spielen möchtest. Probiere unbedingt aber auch die Querflöte aus. Die Voice, die du dir aussuchst sollte unbedingt zum Song passen. Höre auf dein Gefühl. Du musst die Voice so wählen und auch den Song so spielen, dass du ein Teil des Orchesters bist. Du darfst nicht zu laut und nicht zu leise spielen. Nehme das Gefühl des Songs auf, fühle dich in den Song ein, erstelle deinen „kleinen Film" und spiele dann mit Gefühl zusammen mit „deiner Band". Du und das HPB, ihr müsst eine Einheit, ein Klangkörper sein. Du musst mit dem HPB harmonieren.

Fülle das FRB für diesen Song aus. Schreibe die Voice, die du verwendest rechts oben auf das FRB neben den Song-Titel. Somit weißt du immer sofort, mit welcher Voice du den Song einstudiert hast.

Übrigens gehört die Auswahl der richtigen Voice bereits zum Pimpen des Songs. Man nennt das Auswählen der Voice „**registrieren**".

Song-Text:

Kuckuck, Kuckuck ruft's aus dem Wald.

Lasset uns singen, tanzen und springen!

Frühling! Frühling wird es nun bald!

Kuckuck, Kuckuck lässt nicht sein Schrei'n:

Komm in die Felder, Wiesen und Wälder!

Frühling, Frühling, stelle dich ein!

Kuckuck, Kuckuck, trefflicher Held,

was du gesungen, ist dir gelungen:

Winter, Winter räumet das Feld!

Kuckuck

FRB Cryin' Girl

Nachstehend bekommst du das vollständig ausgefüllte FRB. Vergleiche es mit dem FRB, das du selbst ausgefüllt hast. Stimmen die Finger überein? Ich habe die Band-Version aufgeschrieben.

Cryin' Girl

© by Sebastian Wegener www.keyboard-lehrgang.com

3 3 3 3	3 5 5	5 4 4	4 3 3
3 3 3 3	3 5 5	5 4 4 4	3
2 4 4 4	3 5 5 5	2 4 4 4	3 5 5 5
3 33 3 33	3 5 5	5 44 2 3	1

Lektionsziel:

- Spiele den Song zum HPB mit Originalgeschwindigkeit.
- Suche eine Voice passend zum HPB aus.
- Setze den Best-Practice Player ein!
- Spiele den Song mit Gefühl, fühle dich in das HPB ein!!!
- Fülle das FRB des neuen Songs der heutigen Lektion aus.
- Vergleiche das ausgefüllte FRB der heutigen Lektion mit dem von dir ausgefüllten FRB.

Lektion 16

Hänsel und Gretel

Gehörbildung

Song nach Gehör und Gefühl spielen

Das Spielen „in der Band"

Playbacks:

- Lade dir die Playbacks zu dieser Lektion mit folgendem Link von meinem Internet-Server:

http://www.keyboard-lehrgang.com/bookfiles/L16-08051713140400.zip

Lektionsanleitung:

Spiele das VPB ab und achte ganz genau, an welcher Stelle die Melodie beginnt.

Auf dem VPB ist die Melodie mit einem Akkordeon gespielt. Wähle nun auf deinem Keys zuerst wieder eine Voice, die sich von der Voice, mit der die Melodie auf dem Playback gespielt ist stark abhebt. Dadurch kannst du das was du spielst leichter von der Melodie des VPB unterscheiden.

Setze selbstverständlich dein Best-Practice ein und stelle das Tempo so ein, dass du zum VPB mitspielen kannst.

Achte ganz genau darauf, dass du synchron zum VPB spielst. Du musst genau an der gleichen Stelle beginnen, du darfst nicht schneller und nicht langsamer spielen, sondern genau im Rhythmus, welcher vom VPB vorgegeben wird.

<u>Beginne auf keinen Fall sofort mit dem HPB. Spiele so lange zum VPB, bis du den Song fehlerfrei spielen kannst.</u>

Erst wenn du den Song fehlerfrei oder zumindest nahezu fehlerfrei zum VPB spielen kannst, spielst du ihn zum HPB. Du darfst dir die Voice selbst aussuchen, mit der du zum HPB spielen möchtest. Probiere unbedingt aber auch das Akkordeon aus. Die Voice, die du dir aussuchst sollte unbedingt zum Song passen. Höre auf dein Gefühl. Du musst die Voice so wählen und auch den Song so spielen, dass du ein Teil des Orchesters bist. Du darfst nicht zu laut und nicht zu leise spielen. Nehme das Gefühl des Songs auf, fühle dich in den Song ein, erstelle deinen „kleinen Film" und spiele dann mit Gefühl zusammen mit „deiner Band". Du und das HPB, ihr müsst eine Einheit, ein Klangkörper sein. Du musst mit dem HPB harmonieren.

Fülle das FRB für diesen Song aus. Schreibe die Voice, die du verwendest rechts oben auf das FRB neben den Song-Titel. Somit weißt du immer sofort, mit welcher Voice du den Song einstudiert hast.

FRB Kuckuck

Nachstehend bekommst du das vollständig ausgefüllte FRB. Vergleiche es mit dem FRB, das du selbst ausgefüllt hast. Stimmen die Finger überein? Ich habe die Band-Version aufgeschrieben.

Song-Text:

Hänsel und Gretel verliefen sich im Wald.

Es war so finster und auch so bitter kalt.

Sie kamen an ein Häuschen von Pfefferkuchen fein.

Wer mag der Herr wohl von diesem Häuschen sein.

Hu, hu, da schaut eine alte Hexe raus!

Lockte die Kinder ins Pfefferkuchenhaus.

Sie stellte sich gar freundlich, o Hänsel, welche Not!

Ihn wollt' sie braten im Ofen braun wie Brot.

Doch als die Hexe zum Ofen schaut hinein,

Ward sie gestoßen von Hans und Gretelein.

Die Hexe musste braten, die Kinder geh'n nach Haus.

Nun ist das Märchen von Hans und Gretel aus.

Hänsel und Gretel

Kuckuck

© by Sebastian Wegener

5 3	5 3	2 1 2	1
2 2 3	4 2	3 3 4	5 3
5 3	5 3	2 1 2	1
5 3	5 3	2 1 2	1
2 2 3	4 2	3 3 4	5 3
5 3	5 3	2 1 2	1

Lektionsziel:

- Spiele den Song zum HPB mit Originalgeschwindigkeit.
- Suche eine Voice passend zum HPB aus.
- Setze den Best-Practice Player ein!
- Spiele den Song mit Gefühl, fühle dich in das HPB ein!!!
- Fülle das FRB des neuen Songs der heutigen Lektion aus.
- Vergleiche das ausgefüllte FRB der heutigen Lektion mit dem von dir ausgefüllten FRB.

Lektion 17

Oh, when the Saints

Gehörbildung

Song nach Gehör und Gefühl spielen

Das Spielen „in der Band"

Gospel / Spiritual

Playbacks:

- Lade dir die Playbacks zu dieser Lektion mit folgendem Link von meinem Internet-Server:

http://www.keyboard-lehrgang.com/bookfiles/L17-08051713215503.zip

Lektionsanleitung:

Oh, when the Saints go marching in! – Vielleicht einer der größten und bedeutendsten Songs überhaupt?

Spiele das VPB ab und achte ganz genau, an welcher Stelle die Melodie beginnt.

Auf dem VPB ist die Melodie mit einer Trompete gespielt. Registriere nun auf deinem Keys zuerst wieder eine Voice, die sich von der Voice, mit der die Melodie auf dem Playback gespielt ist stark abhebt. Dadurch kannst du das was du spielst leichter von der Melodie des VPB unterscheiden.

Setze selbstverständlich dein Best-Practice ein und stelle das Tempo so ein, dass du zum VPB mitspielen kannst.

Achte ganz genau darauf, dass du synchron zum VPB spielst. Du musst genau an der gleichen Stelle beginnen, du darfst nicht schneller und nicht langsamer spielen, sondern genau im Rhythmus, welcher vom VPB vorgegeben wird.

<u>Beginne auf keinen Fall sofort mit dem HPB. Spiele so lange zum VPB, bis du den Song fehlerfrei spielen kannst.</u>

Erst wenn du den Song fehlerfrei oder zumindest nahezu fehlerfrei zum VPB spielen kannst, spielst du ihn zum HPB. Du darfst dir die Voice selbst aussuchen, mit der du zum HPB spielen möchtest. Probiere unbedingt aber auch die Trompete aus.

Die Voice, die du dir aussuchst sollte unbedingt zum Song passen. Höre auf dein Gefühl. Du musst die Voice so wählen und auch den Song so spielen, dass du ein Teil des Orchesters bist. Du darfst nicht zu laut und nicht zu leise spielen. Nehme das Gefühl des Songs auf, lese dir unbedingt den Text dieses Songs durch, fühle dich in den Song ein, erstelle deinen „kleinen Film" und spiele dann mit Gefühl zusammen mit „deiner Band". Du und das HPB, ihr müsst eine Einheit, ein Klangkörper sein. Du musst mit dem HPB harmonieren.

Fülle das FRB für diesen Song aus, ohne dir dabei das von mir ausgefüllte FRB zu Hilfe nehmen, das dieser Lektion beiliegt. Schreibe die Voice, die du verwendest rechts oben auf das FRB neben den Song-Titel. Somit weißt du immer sofort, mit welcher Voice du den Song einstudiert hast.

Dieser Song ist nicht einfach. Besonders der 2. Teil soll eine Herausforderung für dich sein. Du wirst merken, er hat es in sich. Ist dir der 2. Teil zu schwierig, spielst du einfach den 1. Teil zweimal hintereinander. Du hast auch dann das Lektionsziel voll erreicht!

Schaffst du auch den 2. Teil fehlerfrei zu spielen, kannst du wirklich mächtig stolz auf dich sein!

Gospel – Spiritual

„Oh, when the Saints" ist ein Gospel-Song, der seine Wurzeln in den Spirituals hat.

Ein Spiritual ist ein Song, der in der Regel von afrikanischen in die Südstaaten der USA verschleppten Sklaven während der Sklavenarbeit spontan erfunden und auch spontan getextet wurde.

Es wird oft gesagt, dass den Sklaven die Texte und Melodien von den heiligen Geistern Gottes eingegeben wurden.

Von den Feldern, auf denen die Sklaven arbeiteten erklangen ganze Chöre, welche diese wunderschönen Lieder sangen, um das Leid und die harte körperliche Arbeit erträglicher zu machen.

So handeln diese Songs auch meist von den Qualen der Sklaven und vom Glauben an Gott, den die Sklaven hatten und der ihnen Hoffnung auf Erlösung gab. Daher rührt auch die erstaunliche Lebensfreude, der nicht selten in diesen Songs vorhanden ist.

Gospel ist das englische Wort für Evangelium.

Ein Gospel ist somit ein Song, der eine Botschaft, eine Warnung, eine Ankündigung, eine Prophezeiung, ein Gebet oder einen anderen religiösen Inhalt im Liedtext beinhaltet, der immer in Verbindung mit Jesus Christus steht.

Viele schwarze Sklaven im Süden der USA waren Christen und der einzigartige Welthit „Oh when the Saints go marching in" wurde zweifelsfrei von ihnen erschaffen.

Somit hat der Song seine Wurzeln in den Spirituals, ist jedoch trotzdem eindeutig auch ein Gospel.

„Oh, when the saints" handelt von der Apokalypse, von der Offenbarung des Johannes und beschreibt das Geschehen in der Zeit kurz vor und während dem Ende der Welt, sowie das Geschehen im darauf folgenden Reich Gottes.

Übersetzt heißt „Oh, when the Saints go marching in": Oh, wenn die Heiligen einmarschieren …

Musik wird auch heute noch sehr oft dazu verwendet, um Dinge, die man sich öffentlich in der Gesellschaft leider nicht traut an- und auszusprechen, doch zu sagen und doch zu verkünden.

Song-Text:

OH WHEN THE SAINTS GO MARCHING IN

OH WHEN THE SAINTS GO MARCHING IN

OH LORD I WANT TO BE IN THAT NUMBER

OH WHEN THE SAINTS GO MARCHING IN

*****

AND WHEN THE SUN REFUSE TO SHINE

AND WHEN THE SUN REFUSE TO SHINE

OH LORD I WANT TO BE IN THAT NUMBER

OH WHEN THE SAINTS GO MARCHING IN

*****

AND WHEN THE MOON TURNS RED WITH BLOOD

AND WHEN THE MOON TURNS RED WITH BLOOD

OH LORD I WANT TO BE IN THAT NUMBER

OH WHEN THE SAINTS GO MARCHING IN

*****

AND ON THAT HALLELUJAH DAY

AND ON THAT HALLELUJAH DAY

OH LORD I WANT TO BE IN THAT NUMBER

OH WHEN THE SAINTS GO MARCHING IN

*****

AND WHEN THE TRUMPET SOUNDS THE CALL

AND WHEN THE TRUMPET SOUNDS THE CALL

OH LORD I WANT TO BE IN THAT NUMBER

OH WHEN THE SAINTS GO MARCHING IN

*****

AND WHEN THE REVOLUTION COMES

AND WHEN THE REVOLUTION COMES

OH LORD I WANT TO BE IN THAT NUMBER

WHEN THE SAINTS GO MARCHING IN

*****

AND WHEN THE RICH GO OUT AND WORK

AND WHEN THE RICH GO OUT AND WORK

OH LORD I WANT TO BE IN THAT NUMBER

WHEN THE SAINTS GO MARCHING IN

*****

AND WHEN THE AIR IS PURE AND CLEAN

AND WHEN THE AIR IS PURE AND CLEAN

OH LORD I WANT TO BE IN THAT NUMBER

WHEN THE SAINTS GO MARCHING IN

*****

WHEN WE ALL HAVE FOOD TO EAT

WHEN WE ALL HAVE FOOD TO EAT

OH LORD I WANT TO BE IN THAT NUMBER

WHEN THE SAINTS GO MARCHING IN

*****

AND WHEN OUR LEADERS LEARN TO CRY

AND WHEN OUR LEADERS LEARN TO CRY

OH LORD I WANT TO BE IN THAT NUMBER

WHEN THE SAINTS GO MARCHING IN

Deutsche Übersetzung:

OH WENN DIE HEILIGEN EINMARSCHIEREN

OH WENN DIE HEILIGEN EINMARSCHIEREN

OH VATER, ICH MÖCHTE UNTER DIESER ANZAHL SEIN

OH WENN DIE HEILIGEN EINMARSCHIEREN

*****

UND WENN DIE SONNE SICH VERWEIGERT ZU SCHEINEN

UND WENN DIE SONNE SICH VERWEIGERT ZU SCHEINEN

OH VATER, ICH MÖCHTE UNTER DIESER ANZAHL SEIN

OH WENN DIE HEILIGEN EINMARSCHIEREN

*****

UND WENN DER MOND WIRD ROT MIT BLUT

UND WENN DER MOND WIRD ROT MIT BLUT

OH VATER, ICH MÖCHTE UNTER DIESER ANZAHL SEIN

OH WENN DIE HEILIGEN EINMARSCHIEREN

*****

UND AN DIESEM HALLELUJAH-TAG

UND AN DIESEM HALLELUJAH-TAG

OH VATER, ICH MÖCHTE UNTER DIESER ANZAHL SEIN

OH WENN DIE HEILIGEN EINMARSCHIEREN

*****

UND WENN DIE TROMPETE DEN RUF ERKLINGEN LÄSST

UND WENN DIE TROMPETE DEN RUF ERKLINGEN LÄSST

OH VATER, ICH MÖCHTE UNTER DIESER ANZAHL SEIN

OH WENN DIE HEILIGEN EINMARSCHIEREN

*****

WENN DIE REVOLUTION / ERNEUERUNG KOMMT

WENN DIE REVOLUTION / ERNEUERUNG KOMMT

OH VATER, ICH MÖCHTE UNTER DIESER ANZAHL SEIN

WENN DIE HEILIGEN EINMARSCHIEREN

*****

WENN DIE REICHEN RAUS GEHEN UND ARBEITEN

WENN DIE REICHEN RAUS GEHEN UND ARBEITEN

OH VATER, ICH MÖCHTE UNTER DIESER ANZAHL SEIN

WENN DIE HEILIGEN EINMARSCHIEREN

*****

WENN DIE LUFT REIN UND SAUBER IST

WENN DIE LUFT REIN UND SAUBER IST

OH VATER, ICH MÖCHTE UNTER DIESER ANZAHL SEIN

WENN DIE HEILIGEN EINMARSCHIEREN

*****

WENN WIR ALLE NAHRUNG HABEN UM ZU ESSEN

WENN WIR ALLE NAHRUNG HABEN UM ZU ESSEN

OH VATER, ICH MÖCHTE UNTER DIESER ANZAHL SEIN

WENN DIE HEILIGEN EINMARSCHIEREN

*****

WENN UNSERE FÜHRER ZU WEINEN LERNEN

WENN UNSERE FÜHRER ZU WEINEN LERNEN

OH VATER, ICH MÖCHTE UNTER DIESER ANZAHL SEIN

WENN DIE HEILIGEN EINMARSCHIEREN

Oh, when the Saints

© by Sebastian Wegener

FRB „Hänsel und Gretel" & „Oh when the Saints"

Nachstehend bekommst du das vollständig ausgefüllte FRB, jeweils für jeden der beiden Songs. Vergleiche sie jeweils mit dem FRB, das du selbst ausgefüllt hast. Stimmen die Finger überein?

Hänsel und Gretel
© by Sebastian Wegener

5 3 4	5 3 1	2 2 2 3	1
5 3 4	5 3 1	2 2 2 3	1 1
2 2 2 3	4 2 2	3 3 3 4	5
5 3 4	5 3 1	2 2 2 3	1

Oh, when the Saints

© by Sebastian Wegener

1 3 4	5	1 3 4	5
1 3 4	5 3	1 3	2
3 3 2	1 1	3 5	5 4
4 3 4	5 3	1 2	1
1 3 4	5	1 3 4	5
1 3 4	5 3	1 3	2
3 3 2	1 1	3 5	5 4
4 3 4	5 3	1 2	1
2. Teil: 1 1 33 4	5	1 1 33 4	5
1 1 33 4	5 3	1 3	2
3 5312	1 11 31 35	5 4	4 4 33 4
5 3	1 2	1	
1 1 33 4	5	1 1 33 4	5
1 1 33 4	5 3	1 1 353	2

3 5312	1 11 31 35	5 4	4 33 4
5 3	1 2	1	

Lektionsziel:

- Spiele den Song zum HPB mit Originalgeschwindigkeit.
- Suche eine Voice passend zum HPB aus.
- Setze den Best-Practice Player ein!
- Spiele den Song mit Gefühl, fühle dich in das HPB ein!!!
- Fülle das FRB des neuen Songs der heutigen Lektion aus.
- Vergleiche das ausgefüllte FRB der heutigen Lektion mit dem von dir ausgefüllten FRB.

Herzlichen Glückwunsch!

Sofern du dir alle 17 Lektionen des Grundkurses 1 meines MASTER Keyboard & Piano Lehrgangs gut erarbeitet hast, darfst du mit Recht stolz auf dich sein! Du hast dir damit das Fundament des Keys-Spielens erarbeitet.

BRAVO!!! APPLAUS!!! STANDING OVATIONS!!!

In den nun folgenden Grundkursen 2 - 5 führen wir die Ausbildung über das musikalische Gefühl konsequent fort. Selbstverständlich nicht mehr mit Kinderliedern, sondern mit beliebten und bekannten Songs, wie zum Beispiel Evergreens, Oldies, Musicals, aktuelle Chart-Songs, Schlager, Pop, Rock, Soul usw. Du bist jetzt ja kein „blutiger Anfänger" mehr. ☺

Am besten siehst du in meinem Ausbildungsplan, was dich in den einzelnen Kursen erwartet.
www.keyboard-lehrgang.com/help-ausbplan.html

Ab dem 2. Grundkurs stehen meine Kurse nicht mehr als E-Books oder gedruckte Lehrbücher zur Verfügung. Ab dem 2. Grundkurs sende ich meinen Schülern meine Lektionen ausschließlich als PDF-Dokument per E-Mail zu. Das hat den großen Vorteil, dass ich meine Kurse ständig aktuell halten kann.

Gerade bei elektronischen Musikinstrumenten ändert sich die Technik ständig. Durch den Versand meiner Lektionen per E-Mail kann ich darauf sehr zeitnahe reagieren und meinen Lehrgang immer auf dem neusten Stand der Dinge halten.

Persönliche Einladung zum Grundkurs 2

Hiermit möchte ich dich persönlich zur Teilnahme am **Grundkurs 2** meines MASTER Keyboard und Piano Lehrgangs einladen.

So meldest du dich zum Grundkurs 2 an:

1. Schritt:

Gehe bitte auf folgende Internetseite:

http://www.keyboard-lehrgang.com/gk2.html

Fülle bitte die Formularfelder aus. In das Feld „BCN-Code" trägst du bitte „**LB**" ein. Danach klickst du ganz unten auf „Absenden".

2. Schritt:

Besuche bitte folgende Internetseite:

http://keyboard-lehrgang.com/paymentuni.html

Auf dieser Seite wählst du bitte deinen gewünschten Tarif aus und begleichst den Zahlungsbetrag an MLB. MLB ist der Herausgeber, Träger und Veranstalter meines Lehrgangs.

Bedingungen / Ablauf des Lehrgangs ab Grundkurs 2:

Ich erkläre dir dazu alle wichtigen Fragen und Fakten in meinem Help-Center. Bitte lies dir dazu folgende Seiten durch:

http://www.keyboard-lehrgang.com/help-orga.html
http://www.keyboard-lehrgang.com/help-gk1-gk2.html

Sobald Du Dich mit „Schritt Nr. 1" in den Grundkurs 2 eingeschrieben hast, bekommst du von mir per E-Mail in der Regel innerhalb von 48 Stunden nach <u>Zahlungseingang und Zahlungsverbuchung von MLB</u> die erste Grundkurs 2 Lektion per E-Mail. Also Lektion Nr. 18.

Beim Wechsel von Grundkurs 2 auf Grundkurs 3, sowie bei allen folgenden Kurswechseln (siehe Ausbildungsplan) ist dieses Prozedere dann nicht mehr notwendig. Der Wechsel erfolgt dann automatisch.

Sofern du noch etwas Zeit benötigst, um den Grundkurs 1 komplett durchzuarbeiten ist das überhaupt kein Problem. Nehme dir diese Zeit, erarbeite dir in Ruhe alle noch offenen Lektionen und melde dich dann für den Grundkurs 2 an. ☺

Ich freue mich sehr auf dich im Grundkurs 2.

Bis dann ...

Sebastian

Das Lehrerteam

Es ist mir eine Herzensangelegenheit, meinem Lehrer-Team zu danken.
Das gesamte Team unterrichtet die Schüler des MASTER Keyboard & Piano
Lehrgangs ehrenamtlich aus Liebe zur Musik.

Claudia

"Alle Träume können wahr werden,
wenn wir den Mut haben ihnen zu folgen."
(Walt Disney)

Kerstin

„Harmonie der Töne ist die Seele der Musik.
Harmonie der Gefühle ist die Musik der Seelen
Harmonie der Seelen ist die Musik der Liebe.“

Ingrid

„Glück ist Liebe, nichts anderes.
Wer lieben kann, ist glücklich.
(Hermann Hesse)

Melanie

Hab' Geduld in allen Dingen,
vor allem aber mit dir selbst.
Hl. Franz von Sales

Hans

„Die Musik ist die Sprache der Leidenschaft.“
Richard Wagner